U0499323

"十四五"时期国家重点出版物出版专项规划项目

| 推动东北振兴取得新突破系列丛书 |

总主编 林木西

新发展阶段东北科技创新区域协同发展战略与对策研究

Research on Strategies and Countermeasures for
Regional Collaborative Development of Scientific and Technological Innovation
in Northeast China in the New Development Stage

张华新 著

中国财经出版传媒集团

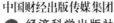
经济科学出版社
Economic Science Press

·北京·

图书在版编目 (CIP) 数据

新发展阶段东北科技创新区域协同发展战略与对策研
究／张华新著． -- 北京 ： 经济科学出版社，2024. 12.
（推动东北振兴取得新突破系列丛书）． -- ISBN 978 - 7
- 5218 - 6341 - 3

Ⅰ. F124. 3

中国国家版本馆 CIP 数据核字第 2024RN6880 号

责任编辑：冯　蓉
责任校对：杨　海
责任印制：范　艳

新发展阶段东北科技创新区域协同发展战略与对策研究

张华新　著

经济科学出版社出版、发行　新华书店经销
社址：北京市海淀区阜成路甲 28 号　邮编：100142
总编部电话：010 - 88191217　发行部电话：010 - 88191522
网址：www. esp. com. cn
电子邮箱：esp@ esp. com. cn
天猫网店：经济科学出版社旗舰店
网址：http：//jjkxcbs. tmall. com
北京季蜂印刷有限公司印装
710 × 1000　16 开　15 印张　216000 字
2024 年 12 月第 1 版　2024 年 12 月第 1 次印刷
ISBN 978 - 7 - 5218 - 6341 - 3　定价：68.00 元
（图书出现印装问题，本社负责调换。电话：010 - 88191545）
（版权所有　侵权必究　打击盗版　举报热线：010 - 88191661
QQ：2242791300　营销中心电话：010 - 88191537
电子邮箱：dbts@ esp. com. cn）

总　序

2022 年 8 月 16 日至 17 日，在东北振兴的关键时期，习近平总书记再次亲临辽宁视察，对新时代东北振兴寄予厚望："我们对新时代东北全面振兴充满信心、也充满期待。"党的十八大以来，习近平总书记多次到东北考察调研、主持召开专题座谈会，为东北全面振兴、全方位振兴擘画了宏伟蓝图，为开展东北振兴研究指明了前进方向。2017 年、2022 年，辽宁大学应用经济学学科连续入选首轮和第二轮国家"双一流"建设学科，在学科内涵建设中我们主打"区域牌"和"地方牌"，按照"世界一流"的标准，努力为推动东北地区实现全面振兴全方位振兴提供理论支撑、"辽大方案"和标杆示范，这一总体建设思路曾得到来校调研的原中共中央政治局委员、国务院副总理孙春兰和教育部时任主要领导的充分肯定。

辽宁大学在东北地区等老工业基地改造与振兴研究方面历史悠久、成果丰硕。从"七五"至"十四五"连续承担国家社会科学基金重大（重点）项目和教育部哲学社会研究重大课题攻关项目，其中：1992 年主持的国家社会科学基金重点项目"中国老工业基地改造与振兴研究"结项成果《老工业基地的新生——中国老工业基地改造与振兴研究》获全国普通高校第二届人文科学科研成果一等奖（1998 年）。2004 年主持的教育部哲学社会科学研究重大课题攻关项目"东北老工业基地改造与振兴研究"结题验收被评为优秀，结项成果《东北老工业基地改造与振兴》荣获第三届中华优秀出版物图书奖提名奖（2010 年）。与此同时，在"九五"211 工程、"十五"211 工程、"211 工程"三期、国家重点学科、国家"双一流"建设学科建设过程中，围绕东北振兴取得了一系列重要研究成果。

2011 年以来，在东北振兴研究方面我主编了三套系列丛书。第一套是《东北老工业基地全面振兴系列丛书》（共 10 部，2011 年出版），入选"十二五"国家重点图书出版物出版规划项目及年度精品项目，作为国家"211 工程"三期重点学科建设项目标志性成果。第二套是《东北老工业基地新一轮全面振兴系列丛书》（共 3 部，2018 年出版）入选国家出版基金项目，作为首轮国家"双一流"建设学科标志性成果。现在呈现在读者面前的是第三套《推动东北振兴取得新突破系列丛书》，入选"十四五"时期国家重点图书出版专项规划项目，也是全国唯一以东北振兴为主题的入选项目，拟作为第二轮国家"双一流"建设学科标志性成果。第一套丛书系统研究了 2003 年党中央作出实施东北地区等老工业基地振兴战略重大决策以来的阶段性成果，第二套丛书重点研究了 2016 年东北老工业基地新一轮全面振兴的重大问题，第三套丛书进一步研究了"十四五"时期在区域协调发展战略下推动东北振兴取得新突破的理论和现实问题。

党的十九届五中全会审议通过的《中共中央关于制定国民经济和社会发展第十四个五年规划和二〇三五年远景目标的建议》提出"推动东北振兴取得新突破"，同时在《中华人民共和国国民经济和社会发展第十四个五年规划和2035 年远景目标纲要》和《东北全面振兴"十四五"实施方案》对此进行了详细阐释。为此，本套丛书设计了"5 + X"的分析框架，其中的"5"指：一是《新发展阶段东北科技创新区域协同发展战略与对策研究》，主要分析坚持创新驱动发展，以技术创新为依托、以东北科技创新区域协同发展促进东北区域协调发展，打造成东北综合性科技创新中心；二是《新发展阶段东北国企改革与创新研

2

究》，以国企改革创新为突破口，深化国有企业混合所有制改革，补上东北振兴体制机制性改革"短板"，激发东北各类市场主体活力；三是《新发展阶段推进东北区域一体化发展研究》，推动东北地区空间、市场、产业、基础设施、生态环境等一体化，塑造东北区域协调发展新模式、健全区域协调发展新机制；四是《打造东北地区面向东北亚对外开放新前沿研究》，主要研究"双循环"背景下，将东北地区打造成为面向东北亚制度型开放的新前沿、产业链合作新前沿、"一带一路"北向开放的新前沿；五是《推进东北地方政府治理体系和治理能力现代化研究》，以东北地方政府为研究对象，分析政府治理现代化的约束机制、运行机制、评价机制，优化营商环境，推动有效市场和有为政府更好结合。"X"则指根据东北振兴发展实际进行的专题研究，如《东北地区制造业竞争力提升路径研究》等。

近年来，由我率领的科研团队为深入学习贯彻习近平总书记关于东北振兴发展的重要讲话和指示精神，建立了"项目＋智库＋论坛＋丛书＋期刊＋咨询＋协同""七位一体"的理论和应用研究模式。"项目"建设是指主持了多项国家社会科学基金重大项目和教育部哲学社会科学研究重大课题攻关项目，主持的国家发改委东北振兴司招标课题总数曾列全国高校首位；"智库"建设是指不断扩大中国智库索引来源智库"辽宁大学东北振兴研究中心"在国内外的学术影响；"论坛"建设是指连续成功举办10届"全面振兴辽宁老工业基地高峰论坛"和东北振兴系列高端论坛；"丛书"建设是指主持出版"十二五"国家重点图书出版物出版规划项目及年度精品项目、"十三五"国家出版基金项目和"十四五"时期国家重点图书出版专项规划项目；"期刊"建设是指独立创办《东北振兴与东北亚区域合作》（已连续出版八辑集刊）；"咨询"建设是指在《人民日报》（及其内部参考）《光明日报》《经济日报》等国内外主流媒体、省级以上智库持续发表东北振兴理论文章、咨询建议和研究报告，并曾多次得到省部级及以上领导肯定性批示；"协同"建设是指与国家和地方党政机关、世界一流大学、东北地区高校和科研院所开展有关协同创新研究。

在本套丛书即将付梓之际，谨向长期以来关心支持参与辽宁大学东北振兴研究的各界人士表示崇高敬意，并向中国财经出版传媒集团原副总经理吕萍和经济科学出版社领导及编辑表示衷心感谢！

林木西

2022 年 9 月 5 日于辽宁大学蕙星楼

目 录

第一章

导　论

第一节　研究背景和研究意义

本书主要研究在我国深入实施创新驱动发展战略、迈向创新型国家的背景下，东北地区统筹推进高效协同的区域创新体系建设，促进各类创新主体的协同合作，发挥国家自主创新示范区的辐射带动作用，示范引领区域转型发展等问题。

《中共中央关于制定国民经济和社会发展第十四个五年规划和二○三五年远景目标的建议》提出支持建设具有国际影响力的科技创新中心的重要举措。国家自主创新示范区在建设具有国际影响力的科技创新中心方面具有现实基础和潜在优势，但在基础研究水平、关键技术研究和吸引全球创新资源等方面与全球科技创新中心目标相比仍存在一定差距。特别是从内部来看，各区域在科技创新驱动和协同合作方面存在较大差距，而创新政策和经济结构的差异也阻碍了科技创新成果的交流和要素的流动，不利于实现区域科技协同创新。

"十四五"时期，建立一批具有重大带动作用的创新型省市和区域创新中心成为国家科技创新发展战略的主要目标之一。国家科技创新规划将东北地区作为国家推动实现跨区域协同创新的重点，以发挥科技创新在全面振兴中的推动引领作用。而东北实现全面振兴需要着力构建高质量发展的区域动力系统，打造引领经济发展的区域动力源。科技创新成为调整产业结构、促进社会发展的中心环节。因此，推动东北科技创新的区域协同发展，有利于形成优势互补、高质量发展的区域经济格局，推动东北振兴取得新突破。

本书以区域创新系统对科技创新的梯度辐射和溢出效应，促进区域创新一体化联合和协同发展为研究重点，特别强调区域创新国家级平台——国家自主创新示范区的重要性。首先研究了区域创新系统在创新体系中的地位和作用，区域创新政策和体系的特征和区域创新政策内在要素之间的关系等。其次分析了辽宁、吉林、黑龙江科技创新区域协同发展的实践与创新，结合科技创新区域协同发展的国内经验，提出促进东北科技创新区域协同发展的政策建议。

国家以及辽宁的"十四五"和2035年远景目标规划均强调实现创新能力跃升的重要性，需要发挥国家级创新平台、大学城和重点研究机构对区域科技创新水平提升的辐射作用和带动作用。研究中注重理论与实证相结合，一是分析政策对区域内小微企业与大学研究机构合作的影响效果；二是地方政府资助的公共研究机构与科技先导区的协同创新能力建设；三是新技术对区域经济的溢出效应。研究突出了东北各地区创新要素之间的相互促进，通过协同创新来实现区域技术创新能力的提升，增强东北地区科技创新的整体竞争力。研究中对瞪羚独角兽企业、新型研发机构、大企业平台化和离岸创新中心进行分类分析，提出促进整体优化发展，提高行政管理效能，推进建设运营模式创新的支持政策。研究总结了国内外经验，提出建立和完善区域创新协同机制和创新系统的战略和措施，在示范区内建立完善的创新评价体系，以创新链整合和规划东北老工业基地的产业结构、产业链布局等。

第二节　研究综述

一、区域科技协同创新的理论和机制

（一）区域科技创新理论

区域科技创新系统是 20 世纪 90 年代，由英国学者菲利普·库克（Philip Cooke）最先提出。他认为区域创新体系支持并产生创新，其概念的流行与区域创新政策是紧密联系的。

1. **区域创新系统的内涵**

伦德瓦尔（Lundavall，1992）认为国家创新体系是一个国家自主科技创新活动形成的基础。多西（Dosi，1998）认为区域创新系统是一种地域经济现象，它主要是为了推动产业集聚区、地区性的中小企业集聚等专业化性能的不断提升。多洛雷（Doloreux，2003）认为区域创新系统理论包括企业与高等院校、科研机构等知识组织的关系以及区域整体两个方面的内容。顾新等（2014）认为区域创新体系应该强调将新发展要素或者要素新组合引入区域系统内而形成的新资源配置方式，实现新的系统功能，从而促进区域经济跨越式发展。杨英（2019）认为区域科技创新是为激活并促进区域内的创新活动，以推进区域经济社会发展的过程，某一地区参与创新的主体在各自进行创新发展时，自觉或不自觉地构建起来的具有利于促进区域创新、促使对资源及要素做非连续性的"创造性破坏式"的重新组合的经济社会系统。

2. **区域创新系统的分类和结构**

威格（Wiig，1995）和库克（Cooke，1997）认为区域创新系统应该包括政府部门、企业及与创新相关的非企业组织、公共及私人资金组织、高等院校、科研机构以及金融等中介服务机构。伊萨克森（Isaks-

3

en，2001）认为区域创新系统包括组织脆弱、断裂、锁定创新系统三大类。阿什海姆和伊萨克森（Ashiem and Isaksen，2002）认为区域创新系统理论是由支持组织围绕着区域内的产业集群及相关主体组成的区域集群。潘德均（2001）认为区域创新体系是一个推动创新的系统，是由某一地区内相关部门和机构相互作用而形成的。主要包括科研机构、企业、中介机构。库尔曼（Kuhlmarm，2004）认为区域协同创新体系应该包括区域内的行政、产业、教育、研究以及创新环境五个系统要素。阿什海姆等（Asheim et al.，2011）基于区域创新系统的理论、经验以及政策，探讨了区域创新系统方法的要素和特征。周亚庆等（2011）认为区域技术创新系统框架包括教育、资金、政府、文化、科技。

（二）协同学理论

协同学理论是 20 世纪 70 年代，由德国物理学家哈肯首先提出来的。他认为协同是使系统内各个子系统通过相互合作，使系统整体产生不同于各个子系统的新特征和新属性。陈文俊（2005）认为协同学是在科技和体制创新基础上建设协同创新体系，使其相互协同、相互促进。徐力行等（2007）认为协同学是各产业子系统在开放条件下自发相互约束，在时间、空间和功能上有序结合而形成协同创新。胡恩华等（2007）和张方（2011）认为协同创新是指集群创新企业与群外环境之间相互竞争又相互协同，通过复杂非线性相互作用产生企业自身无法实现的整体协同效应的过程。维罗妮娅·塞拉诺（Veroniea Serrano，2007）认为区域协同创新的重点在于让区域内各项活动与系统活动保持协同，从而激发各要素之间的流动以及知识的扩散，并达到区域的系统性优化。陈劲（2012）认为协同创新是以实现重大科技创新为目标，某一区域内各个创新主体参与的要素和资源的整合。

（三）集聚经济理论

胡佛（Hoover，1971）重点研究了聚集经济是如何进行创新的。毛拉特和杰拉尔（Moulaert & Djellal，1995）在集聚经济中引入了空间维度的概念。马姆伯格和马斯克尔（Malmberg & Maskell，1997）在对区域产业集聚分析的基础上，又对产业集聚的网络演进进行了一定的解释分析。徐占忱（2005）基于接近性、社会接近性和行业接近性三者的主体间耦合构成区域企业集群创新网络基础，认为企业集聚为区域提高竞争力政策的规定、知识转移、形成及创新区域环境等方面奠定了基础。

（四）网络组织理论

网络组织理论是 20 世纪 80 年代中后期产生发展起来并为经济学家当作理论工具来使用的一个新的研究领域。

区域协同创新系统具有渐进式特点。维克多·吉尔辛（Victor Gilsing，2005）认为区域协同创新系统主要包括市场创新和网络创新方式，通过对二者的比较分析得出：网络创新方式中的产品更具有较大的差异性，更容易进行渐进式的创新发展。库克（Cooke，1994）研究了意大利第三产业，借鉴"网络区域"思想，认为在行业中网络化的企业业绩水平高于平均水平。

综上所述，学者们的研究集中于创新系统理论、网络理论等领域，逐渐形成了区域科技协同创新系统理论共同的背景，包括诸如协同学理论、区域科技创新系统理论、集聚经济理论、网络组织理论等在内的多个理论。具体来看：一是国外对于区域科技创新理论的研究要早于我国，集中于区域科技创新理论内涵及分类的相关研究。二是企业、科研机构、高校等创新主体相互作用形成了创新系统。三是我国区域科技协同创新的理论研究不足，主要包括：科技创新的一体化趋势明显，创新主体关依赖关系加强，但对这一趋势与关系的相关研究并不是很多；不同区域创新系统对创新中的特殊性研究不足；区域创新系统的运行及其对社会经济影响的研究也相对不足；为政府决策提供科学的依据和可操作对策的专题性研究需要加强。因此，区域科技协同创新研究需要结合特定区域的经济、产业、科技以及政策等基础，对区域科技协同创新相关理论进行深入的研究，使理论更具实践性和可操作性。

二、区域科技协同创新的机制与效应

（一）区域科技协同创新的机制

张小菁等（2007）和吴莹（2010）基于泛珠三角区域科技合作机制的现状，提出了实现科技合作机制和创新机制构建。许彩侠（2012）通过结合我国国情和借鉴欧盟区域协同创新的经验，从高等院校、技术中介机构、政府、中小企业四个方面提出了针对我国的区域协同创新机制。徐玉莲（2012）提出利用政府协同、交叉学习、信息共享以及环境保障等机制促进区域科技创新与科技金融协同发展。马永坤（2013）基于协同创新理论模式，构建了创新模式、组织机制、政府机制三维度的区域经济社会发展的协同机制，以促进各区域、组织等重大的创新需求。刘华（2015）从协同创新角度，以湘鄂赣皖四省为研究对象，形成了动力机制、协同机制、共享机制的区域技术产业科技资源协同创新体系，并在此基础上构建了中三角高技术产业科技资源协同创新的框架，以提升该地区科技协同创新能力。郭斌（2016）在科技资源耦合驱动创新理论的视角下，从企业、园区、区域层面提出京津冀科技协同创新机制有三种类别：一是科技资源耦合机制；二是科技创新联动机制；三是科技协同发展机制。他通过对日韩科技协同创新经验的借鉴，针对京津冀区域科技创新现状，提出了从资源交互耦合机制、机构联动创新机制、城市协同发展机制三个方面实现京津冀科技协同创新机制的构建。毕娟（2016）从跨区域的角度研究科技协同创新系统的运行机制，主要表现为：以实现系统内不同要素之间的协同能力为内因，以环境变量、资源变量、链接变量等为外因，内外因协同作用共同促进系统的运行。鲁继通（2016）提出京津冀科技创新效应的机制保障主要包括跨区域流动机制、科技成果转化与共享机制、技术经济关联机制、科技创新协同机制、科技投资融资机制、人才培养与交流机制。范国强（2017）在分析国际区域科技创新的经验和我国长三角区域科技创新合作现状基础上，提出了利用成果保护机制、资源共享机制、风险防范机制来优化区域科技创新能力。郑文江（2019）通过驱动因素、合作层次及创新模式三个机制形成区域协同创新体系分析框架，在此基础上分析区域科技协同创新体系的发展现状以及趋势，并以珠江三角洲地区与香港的区域合作为例，论述驱动—合作—创新分析框架对协同创新体系的参考意义。

综上所述，近年来由于科技不断的发展，学者们对于科技协同创新的研究成果也在不断增加，从现有文献可以看出国内大多数学者对科技创新主要是围绕跨区域科技协同创新机制而展开，主要是集中在长三角、京津冀等跨区域科技协同创新的机制。具体而言：第一，现有文献主要从协同创新、跨区域、驱动等不同研究视角梳理了区域科技协同创新的运行机制，并且总结了其运行机理；第二，大多数学者是通过宏观比较以及微观的实证，为地区提出有针对性的区域科技协同创新机制的建议。

虽然国内外学者基于区域科技协同创新机制问题进行了广泛的研究，取得了一定的阶段性成果，但现有文献仍存在一定的不足，例如：从研究内容上看，国内现有研究中大多数从微观和宏观的区域科技协同创新角度进行研究，而从中观的角度来研究区域科技协同创新的机制还比较少，大多数是从城市群或者跨行政区区域科技协同创新的角度来研究，而较少从一个地区或者单一主体性要素的角度来研究区域科技协同创新的机制，同时要加强定量研究。

因此，今后需要通过从宏观、中观、微观等多角度来分析区域科技协同创新的机制，不能仅局限于特定的区域，也要对相关联的省份或者城市进行比较分析，并结合个案分析，为我国各地区科技协同创新机制的建立提供一定的理论和针对性的对策。

（二）区域协同创新的效应

鲁继通（2016）从空间溢出、创新协同、经济增长这三个科技创新效应着手，分析这三种效应的实现效果及制约因素，并提出优化京津冀区域科技创新效应的机制。

1. 空间溢出效应

丁焕峰（2006）认为创新空间溢出效应就是随着时间的增加、空间范围和技术规模的不断扩大而技术外溢效应逐渐增强的过程。从技术扩散规律看，创新在空间上通过两条途径向外溢出或扩散：一是产业内溢出，二是产业间溢出。冯根福、刘志勇（2010）分析了1993~2006年我国东中西部地区技术在产业转移中的趋势以及特征，以此总结出技术是影响产业转移的重要因素。周密（2013）认为产业间转移的重要原因是地区产业关联性，而产业链的紧密度也是影响技术在产业内转移的影响因素。王海云、王建华（2004）通过对溢出机理的分析，认为影响技术溢出效果的关键因素主要有技术势差、技术开放程度、外部政策、吸收能力。王文岩、孙灵燕（2007）认为网络经济降低了技术扩散的成本，是影响技术扩散和发展强度的关键。饶睿、胡河宁（2007）认为区域内的经济发展、政策环境、生态环境、规范制度是影响技术空间溢出的原因。曹利民（2008）通过对杨浦区知识创新区的分析，认为创新主体、创新环境和政策环境是影响区域创新体系的构建和技术空间溢出的因素。张海洋（2008）通过实证分析，认为市场化进程既能吸引外资，也是影响技术空间溢出的重要因素。迈克尔·弗里奇（Michael Fritsch，2011）认为高等院校、科研机构、私营企业等的溢出效应将对区域创新体系的效率产生正向影响。王珊珊、王宏起（2012）认为经济发展水平、人力资本流动、市场环境、政策法规等因素是影响创新和技术溢出效率的重要因素。周欢等（Zhou Huan et al.，2020）认为在经济发展水平下，人均耗能具有显著的空间溢出效应。在不同的技术创新模式下，区域能源可能具有空间异质性。环境规制的技术效果会降低中国的人均能耗。

2. 创新协同效应

创新协同效应可分为产生于集群企业之间的外部效应和产生于企业内部的内部效应两种情况。巴泽尔和盖尔（Buzzel & Gale，1987）认为，企业资源整合或重组是想要得到更多的利润，从而产生协同效应。

伊丹敬文（Hiroyuki Itami，1987）认为，在不同阶段，企业调整战略组合会产生协同效应。波特（Porter，2005）认为，技术在相似价值链的企业间转移和企业联合研发与共享科技成果是协同效应的来源。梅杰斯（Meijers，2005）指出，区域不同主体通过调配或协同产生的作用大于单个主体各自作用的总和。区域创新协同效应不仅体现在区域各不同主体上，也表现在区域不同要素、不同资源在运行过程上的协同。在区域协同创新体系的特征方面：顾新等（2014）认为区域协同创新体系存在客观性、多样性、整体性、自组织性、开放性的特征。而危怀安、聂继凯（2013）认为区域协同创新体系还具有系统性、复杂性、动态性的特征。在协同创新体系方面：崔永华、王冬杰（2011）认为协同创新还具有集成性、组织性、有机性、学习性等特征。刘丹、闫长乐（2013）认为协同创新具有开放性、统一性、动态性、自增益性的特征。安索夫（Ansoff，1965）认为协同效应是生产、销售、经营、管理四方面的协同构成。许庆瑞（2006）认为价值创造和价值增值构成了创新协同效应。张玉臣（2009）认为区域协同效应是由技术知识认知系统协同、组织制度网络协同、经济能力主体协同三个维度通过维度间的紧密联系而构成的。解学梅（2013）基于都市圈视角，认为创新主体协同、要素资源协同、协同方式、空间协同四个维度的相互协同构成了区域科技协同创新效应模型。

3. 经济增长效应

科技创新的经济增长效应主要是科技创新对地区技术进步、产业调整、城市化、经济发展等的影响和作用。一是科技创新推动经济增长。杨久炎（1995）认为科技创新是促进经济增长的必由之路。顾海（2000）认为科技创新作为推动经济发展的基础，它的实现会推动经济向上发展。纪玉山、吴勇民（2007）认为科技创新与经济增长有着紧密联系，科技创新活动可以通过微观机制促进经济增长。吴建新（2007）运用 Granger 因果关系对科技创新和经济增长进行检验，结果显示科技创新与经济增长之间存在双向因果关系。李正辉、徐维（2011）基于面板数据模型，构建区域科技创新指标体系，并对我国 20

个省份相关数据进行实证分析，结果显示区域科技创新会促进经济增长，并且相邻区域存在空间溢出效应。二是科技创新促进经济转型和质量提升。张越川、罗毅、王肃清（1998）通过我国经济发展面临的问题，认为促进科技创新是转变我国经济增长方式的内在要求和重要路径。赵冬初（2009）认为科技创新可以推进要素、产业、社会需求结构的优化与升级，进而促进经济发展的转型。

三、区域科技协同创新影响因素

（一）产学研协同创新影响因素研究

博纳科尔西和皮卡卢加（Bonaccorsi and Piccaluga，1994）提出了系统评价产学研合作的模型，模型中认为知识的产生、传递以及衍生是影响产学研的绩效因素。托马斯（Tomas，1999）认为生产力、范围、财务效益、教育、出版物以及专利是评价产学研合作绩效的指标因素。伊娃·莫拉·瓦伦丁等（Eva M. Mora-Valentin et al.，2004）认为情景因素和组织因素是影响产学研合作成功与否的重要因素。普莱瓦（Plewa，2007）认为产学研协同创新主要受到信任因素、承诺因素和互动因素三大因素的影响。范德成（2009）从环境、投入、产出、合作机制和效应等方面入手，建立了产学研技术协同创新绩效评价指标体系。巴特勒·詹姆斯等（Butler James et al.，2010）认为产学研合作、创新人员之间互动的重要影响因素之一为信任。

（二）企业协同创新影响因素研究

金姆（Kim，2004）在企业制造商和企业供应商双方协同创新时，制造商为供应商提供创新补贴，不仅能够使供应商加大对创新的投入，而且还会实现双方互利共赢。劳伦斯和洛尔施（Lawrence & Lorsch，2006）通过对企业的调查发现，企业各部门高度差异化是高绩效的充分条件，创新小组内成员之间的差异化不足将导致相似工作上的竞争。柯林斯和史密斯（Collins & Smith，2006）认为人力资源是影响高新技术企业绩效的因素，它在知识方面的交流合作有利于提高企业绩效水平。阿格拉瓦尔（Agrawal，2014）认为企业的专利数量会影响地区的科技创新。博拉斯（Borrás，2014）认为教育、培训以及技能是影响协同创新的重要因素。

（三）区域科技协同创新其他影响因素研究

詹斯（Jens，2008）认为环境规则、环境管理方式以及环境变化对区域创新有显著影响。白俊红（2015）研究认为政府的科技资助、企业与高校的联结以及企业与科研机构的联结对区域创新绩效呈现正相关关系，而对金融机构则产生负向影响。崔志新（2019）认为知识型人力资本、企业创新投入密度、主体自主创新、资本开放水平等是影响区域内技术创新协同的主要因素；而知识型人力资本、资本开放水平、技术市场发展等则是影响跨区域技术创新协同的主要因素。赵滨元（2021）基于空间杜宾模型对京津冀协同创新绩效影响因素进行实证分析，得出以下结果：科研经费和科研人员投入、创新需求和供给主体、经济发展水平、创新市场环境对周边区域创新绩效具有显著正向影响，而政策环境市场、开发程度对周边城市创新绩效影响不显著。

国外的理论研究和实践都早于国内，而且相关理论的研究也比较系统。总体来看，国外的研究相对成熟，且具有本国特色。相对而言，我国的区域协同创新研究仍旧有很长的路要走。已有文献的主要研究结论包括：一是人力资源、创新投入等因素对于区域科技协同创新影响较大；二是区域科技协同创新的影响因素研究多以跨区域为研究对象，较少以单个城市为研究对象，研究结果缺乏一定的针对性；三是学者对于科技协同创新的路径、机制等探讨较多，对于区域科技协同创新的影响因素研究较少，缺乏对科技协同创新体系及其影响因素方面的实证研究。与此同时，对科技协同创新的研究多数集中于产学研和企业协同创新模式的研究上，虽然协同创新重要的创新主体体现在产学研和企业方面，产学研和企业的协同创新模式有助于加深对协同创新的理解与深入认识。但仍然存在一些不足，如产学研和企业在研究的过程中只讨论了企业、高等院校、科技机构，以及政府这几个创新主体对协同创新的影响，而忽略了其他组织机构带来的影响。因此，在未来的研究中需要结合宏观、中观和微观的角度探讨区域科技协同创新的影响因素，同时也要加强多元创新主体在区域科技协同创新影响因素中的研究，使其研究更具针对性、全局性。

四、区域科技协同创新的评价

（一）区域科技协同创新指数评价指标体系研究

托加尔·西马图邦（Togar Simantupang，2005）从信息共享、决策同步以及合作激励三个方面构建了协同创新的指标体系。郑广华（2010）以系统协同理论为基础，从创新基础环境、创新主体、创新资源三个子系统对河南省区域创新系统发展的协同状况进行评价。胡晓瑾等（2010）构建了技术创新环境、知识创造和获取能力、企业技术创新能力、技术创新协同能力和以技术创新的经济绩效为主的指标体系，并加以分析。张慧颖、吴红翠（2011）基于技术创新的过程观，从创新投入子系统、创新产出子系统、创新扩散子系统和创新支持子系统对我国东部省份区域创新系统的协同性进行实证分析。皮埃尔·巴巴鲁（Pierre Barbaroux，2012）认为评价协同创新绩效就是在评价协同创新系统的能力，应该从创新资源的选择能力、创新主体的协同能力、知识管理能力以及自适应治理能力四个方面进行评价。徐顽强等（2016）基于主成分分析法构建了科技创新环境绩效、政府政策扶持绩效、研究与开发机构与高校科研绩效、企业科技创新绩效的省域科技创新的评价指标体系。孙瑜康等（2017）认为京津冀区域科技协同创新能力在不断提升，但不同地区、主体间的协同创新水平仍然较低。王亚楠（2017）通过构建创新环境、创新投入、创新产出以及创新成效等五个方面的区域科技创新指标体系，对北京市、天津市和河北省的区域科技协同创新进行评价与比较分析。杜英（2021）基于子系统协同度评价甘肃省科技创新能力，并运用熵权—TOPSIS—耦合协同度综合评价模型从创新支持子系统、创新转化子系统、创新研发子系统三个方面对区域科技创新主体及创新要素的交互作用与耦合效应进行分析。

杨大楷（2008）以构建的长江三角洲区域科技创新能力评价指标体系为基础进行研究，认为长江三角洲区域二省一市的科技创新在产出能力、投入能力、配置能力、支撑能力、管理能力方面各不相同、各有优劣，最后给出了实证研究的政策性建议。朱桃杏等（2015）基于"投入—产出"理论，构建了高铁作用力指标体系进行分析。研究表明：高铁是区域科技创新的重要投入和产出项目。何卫平等（2019）以构建甘肃省科技创新与经济协同关系评价指标体系为基础，基于因子分析法对该地区 14 市州科技创新与经济发展协同关系进行实证分析。研究结果发现：对新技术改造投入低、科技创新成果转化渠道不畅、政府支持与资金投入力度不够等原因造成科技创新与经济发展不协同，并以此提出了实证研究的政策性建议。李佳雯（2020）基于熵值法和线性加权法对我国高校科技创新与区域经济发展水平耦合协同度进行测算，结果显示二者呈正相关关系。

（二）区域科技协同创新指数构建及评价方法研究

刘志华（2014）基于文献研究法，构建了区域科技协同创新绩效评价指标体系，并提出了基于云理论的区域科技协同创新绩效评价模型。通过对我国区域科技协同创新绩效进行评价和比较分析，结果表明：我国区域科技协同创新绩效水平不高，基于此提出了我国区域科技协同创新存在的问题及建议。郭斌（2016）从城市群异质性科技资源耦合理论视角，构建京津冀科技协同创新理论框架，并通过因子分析法、层次分析法以及复杂网络分析对该区域进行实证研究。在此基础上评价京津冀区域科技协同创新绩效水平。王亚楠（2017）通过构建京津冀区域科技创新指标体系，运用灰色关联分析法测度 2010 年京津冀三地科技创新的关联度来表征协同度。结果表明：京津冀三地的科技创新协同度均较高。夏业领等（2018）基于熵值法构建了我国科技创新—产业升级复合系统协同指标体系。结果表明：科技创新与产业升级协同发展将产生："1 + 1 > 2"的整体协同效应。岑晓腾等（2019）基于系统论和协同论，构建沪嘉杭区域科技协同创新评价指标体系，并通过采用耦合协同度模型，对该区域系统之间的耦合关系进行分析，为区域科技协同创新相关举措和决策提供了理论参考。研究表明：沪嘉杭协同程度较高，其中嘉兴协同发展成绩突出。

综上所述，国内外学者已对区域科技协同创新的评价指标体系研究和指数构建以及评价方法做了充分和全面的研究，并且运用不同的研究方法构建其科技协同创新评价体系，具体而言：第一，众多学者将创新投入、创新产出、创新环境作为区域科技协同创新的指标体系构建因素；第二，根据现有文献研究层次和对象的差异，采用不同实证模型构建区域科技协同创新评价指标体系，并使用主观和客观赋权法确定指标权重。

上述文献各种区域科技协同创新评价方法各有其特点，适用于不同的区域科技协同创新指标体系，从整体上还处于初级阶段，仍存在一定的问题：在评价方法方面，虽然现有的文献对于区域科技协同创新的评价有一些测量方法和工具，但大多数的学者在评价方法上是采用单一综合评价方法对区域科技协同创新能力进行静态的评价和分析，不能够很好地对历年区域科技创新能力的发展趋势进行动态的评价和分析。与此同时，有一些评价方法对于样本数据的依赖程度较高，样本数据的不同常常会导致结果的不同，这就不利于不同年份指标的对比和趋势分析，也不利于为研究提供更准确的分析结果。除此之外，在评价指标上，科技创新评价指标体系研究还存在评价指标的选取侧重于科技创新的数量指标而相对于淡化其质量指标等问题，涵盖范围、科技创新的环境建设还需补充完善，在科技创新指数研究上，评价的动态分析还比较少。

因此，在对区域科技协同创新进行评价时，要在评价方法的结合上进行探索，运用静态和动态两个角度对区域科技协同创新能力进行评价和分析，侧重时间和空间的角度，比较分析不同区域发展水平的变化趋势。同时也必须考虑满足评价指标体系以及数据收集等多方面要求，使模型能够客观科学地测度区域协同创新绩效水平，具有可操作性。

五、区域科技协同创新路径与对策

（一）促进京津冀区域科技协同创新的对策研究

户艳领（2014）认为京津冀区域的高等院校、科研机构的功能转移应积极相互承接，使京津冀三地的高校、机构的科技创新型人力资源实现合理对接，共建区域共享的资源平台，促进区域科技协同创新的发展。鲁继通（2015）认为应建立以企业为导向的产学研相结合的区域创新体系，促进企业、高等院校和科研院所协同合作，以此推动京津冀区域完善科技协同创新体系。陈诗波（2015）在研究京津冀城市群科技协同创新现状的基础上，发现该地区的科技合作体制机制、共享范围和合作广度、人员跨区域流动政策协同机制等存在的问题，并以此从科技协作协同机制、人才培养交流等方面提出推进京津冀区域科技协同创新的针对性建议。王秀玲（2015）从体制机制、生态环境、要素布局、政策支持等方面提出京津冀科技协同创新发展存在的问题，并据此提出促进京津冀科技协同创新发展路径：明确战略定位、强化顶层设计、联合技术攻关、打造协同创新载体、完善科技创新服务体系、优化政策环境。郭斌（2016）基于文献编码的复杂网络分析，评估京津冀区域科技协同创新绩效水平，并得出其所面临的问题，在此基础上提出了建立地区政府综合领导机制、设立创业创新风险投资基金、产业集聚等有针对性的建议。赵滨元（2021）基于空间杜宾模式对京津冀协同创新绩效影响因素进行分析，并从科研经费、人才流动、技术研发、科研机构作用、跨区域创新合作新模式五大方面提出了提升区域协同创新能的建议。

（二） 促进长三角区域科技协同创新的对策研究

杨耀武等（2010）以产业集群、区域合作、技术创新的理论为基础，构建了跨区域产业群协同创新的研究框架，分析了长三角产业集群协同创新的现状及瓶颈，提出从促进产业集群发展、加强合作交流、拓展发展空间方面推进长三角产业集群协同创新的战略。王卫东（2011）对长三角城市群的创新能力进行比较与分析，总结长三角城市群协同创新中存在的瓶颈主要有协同创新动力机制不健全、创新要素流动不畅和科技资源共享缺乏长效机制，并提出从平台建设、民生科技、产业集群、政策协同和途径选择五方面强化长三角城市群区域协同创新发展机制。沈开艳（2015）通过分析国际区域协同创新的经验，针对长三角区域协同创新的现状提出了有针对性的建议。其中主要是从区域协同创新的体制机制、政策制定、市场激发与产业运作角度提出政策建议。刘亮（2017）以长三角区域为例，在分析了该区域协同面临的新形势和要求下，研究了该区域科技协同创新发展中存在的问题，并从总体思路、功能布局、保障机制等方面提出强化区域科技创新发展能力的对策。闻宝静（2019）在江浙沪金融产业与科技创新发展现状的基础上，提出了促进区域金融产业集聚与科技创新协同发展的针对性建议。孟添（2020）基于长三角区域科技金融的融合发展现状及存在的问题，从整体思路、路线图等方面探索长三角科技金融融合发展与协同创新的发展路线，以促进长三角区域科技金融的融合发展与协同创新。朱莹莹（2020）以张江长三角区为例，认为应从政府间协同、公司化运营、市场化机制、主体间交互、强化创新组织的资源要素匹配与同步效应的角度促进区域协同创新。

（三） 促进中三角区域科技协同创新的对策研究

刘华（2015）基于协同创新理论，形成了动力机制、协同机制、共享机制湘鄂赣皖四省技术产业科技资源协同创新体系，并在此基础上构建了中三角高技术产业科技资源协同创新的框架，从行政主体间协同、政产学研协同、高技术子产业链协同三方面提升中三角高技术产业科技资源协同创新能力。郭畅（2015）以中三角区域为研究对象，通过分析中三角科技协同创新的现状，找出该区域科技协同创新存在的问题及原因，并基于此提出推进中三角科技协同创新的机制构建的对策。吴永章（2020）从农业的角度分析中三角区域科技创新协同发展现状以及优势，并在此基础上提出中三角农业科技发展存在的问题，进而提出中三角农业科技创新协同发展的具体举措：加强区域间农业科技创新合作、完善农业科技专项资金的监督体系、建立多类型农业科技创新平台、增强农业科技创新成果转化率。

（四） 促进珠三角区域科技协同创新的对策研究

岳鹄（2015）在协同创新背景下，基于博弈理论，构建互利共赢的发展机制以分析珠三角科技资源共享问题，提出促成珠三角各区域之间科技资源协同共享的对策建议。鄢波等（2019）以珠三角区域科技协同创新现状为基础，找出珠三角区域科技协同创新存在的问题及原因，以此提出区域科技资源共享、重大项目联合攻关、产业集群协同创新、增强科技中介活力等提升珠三角区域科技协同创新的对策建议。

（五） 促进其他区域科技协同创新的对策研究

张仁枫（2013）从承接产业转移视角，根据区域协同创新与承接产业转移的内在联系，构建区域协同创新机理，并以此提出通过加强政府的宏观调控、加强产业输入输出的合作、加强区域内企业创新等路径，推动地区协同创新能力的提升。刘志华（2014）基于我国区域科技协同创新绩效评价模型，从协同投入要素、协同过程要素、协同产出要素和协同影响要素四个方面对我国区域科技协同创新绩效进行评价和比较分析，并基于此有针对性地提出了从资金投入体系、科技中介发展、政策支持体系、多方联动体系等方面促进我国区域科技协同创新的能力的对策。方力（2020）在我国区域科技创新发展现状的基础上，分析区域科技创新发展面临不平衡、不充分、水平低等问题，进而提出从联动机制、合作环境、产业互动等方面优化区域科技创新协同发展的路径。钟一鸣（2020）基于浙江宁波前湾区科技创新的发展现状及存在的问题，从强化战略协同、提高产业协同效率等方面对前湾新区科技协同创新提出了有针对性的建议。徐士元（2021）通过分析借鉴国外大湾区发展经验，并根据浙江大湾区科技创协协同发展的现状以及存在的问题，提出以下建议：建立政府间科技创新协作机制、建立人才共享机制、提升科技创新协同发展保障能力。

通过以上对区域科技协同创新的路径与对策相关文献梳理发现：第一，学者对于区域科技协同创新的路径与对策研究主要集中在京津冀、长三角以及珠三角等区域科技协同创新路径的研究；第二，政府、企业、高等院校、科研机构等作为科技创新的主体，是决定区域科技协同创新成效的关键因素，有关学者从科技创新主体之间的协同关系提出了相应的对策建议；第三，大多数学者主要从创新投入、人才流动、产业集群、政策制定、区域合作等方面提出提升区域科技协同创新的路径和对策。

尽管对区域科技协同创新问题进行研究的学者不在少数，但是也存在以下几个明显的不足：一是现有文献研究多数集中于长三角城市群、京津冀城市群等发达地区的研究，缺乏同类型省份科技协同创新绩效的对比研究，即以跨行政区域层面创新体系为核心，提出对区域科技协同创新路径与对策的研究较少；二是缺乏具体案例分析和路径模式的深层次研究。

同一行政区域内不同创新主体拥有相同的科技创新基础和创新环境，发展目标更具契合性，同时创新主体之间的经济联系相对紧密。除此之外，相邻行政区域由于地理位置相邻或优势互补等原因，各区域内的主体产业与科技发展环境具有相同优势，因此，在今后研究中需要更加偏向于对其他城市群的区域科技协同创新能力的研究，并且在研究中加入具体案例的分析，使研究结果更具针对性以及可实践性。

第三节 研究内容与研究方法

一、研究内容

具有重要国际影响的科技创新中心目标的实现需要构建区域科技协同创新系统。一方面，本书通过区域内协同创新，构建和完善区域创新体系，可以缩短科技成果的产生和科技成果产业化的转化时间。在经济全球化和新技术革命加速发展的背景下，知识的生产已经成为区域重要的资源，区域的创新活动以及实现创新技术化和产业化的相关制度就成为了区域经济发展的主要动力；另一方面，通过跨区域的科技协同创新，减小由于累积循环因果关系和马太效应导致的科技创新要素和科研成果过于集中的问题，有利于充分发挥知识空间溢出效应，推动不同区域经济结构的优化和新兴产业的发展，而新兴产业的发展会产生阿伦森效应，对科技创新主体形成正向激励。虽然国家自创区核心区域的科技创新能力相对较强，但区域间仍存在明显的发展差距，且与其他地区在科技创新机制上也存在较大差异，需要通过区域科技的协同创新，加快机制建设和提高创新绩效，并完善区域科技创新要素的跨区域流动机制、科技成果转化与共享机制、技术经济关联机制、科技投资融资机制和人才培养与交流机制等。通过对东北地区国家自主创新示范区协同创新体制机制的研究，有利于完善创新机制，提高创新能力，发挥自创区对东北科技创新的引领推动作用。

首先，在理论分析部分，从宏观层面分析区域科技创新体系的构建及各协同主体的整合，如产学研的三螺旋结构等。在此基础上，从微观层面分析各协同主体整合中产生的契约合作和契约规制等问题。其次，根据东北科技创新的实际情况，提出新发展阶段推进东北区域协同创新的总体构想。由于现阶段仍以国家自主创新示范区的先行先试为主，我们主要分析了东北地区的三个国家自主创新示范区引导协同创新的实践。最后，结合国内和国外科技创新区域协同发展的成功经验，提出促进东北科技创新区域协同发展的政策建议。

二、研究方法

本书综合运用区域经济学、计量经济学、技术经济学和制度经济学方法研究东北科技创新区域协同发展问题。

一是假说演绎法。本书在理论分析的基础上，从研发人员数量与质量、研发资金投入量与集聚程度、科技创新的治理体系、区域市场化水平及创新要素流动、不同科技创新主体的角色定位等方面提出基本假设，形成逻辑分析的主线，为现状的统计性描述和实证研究确定了主要方向，使研究在演绎推理的基础上得出主要结论。

二是空间计量方法。本书采用空间计量经济学方法，研究东北科技创新的空间演化特征。空间计量方法解决了在空间关联分析中存在的空间结构非稳定和空间漂移问题，在空间回归分析中考虑了空间的结构变化，在空间方差分析中考虑了离散空间区域特征。研究中应用局部空间相关性分析主要源于空间变化的连续性，避免了潜在的空间不稳定性对空间关联程度评估的影响。

三是文献分析法。本书对 200 余篇文献进行了梳理和分析，这些文献主要集中在 2015～2020 年，在选择文献时，本书以期刊是否关注区域协同创新和是否经过同行评议为初步标准。文献分析主要涉及以下三个问题：（1）关于区域科技创新是否具有空间依赖性，文献上有何评论；（2）探讨科技创新的空间溢出效应对区域整体科技创新水平影响的文献的增减趋势如何；（3）文献对区域科技协同创新的模式和优化路径的研究有何见解。文献分析可以确定城市是区域协同创新的重要载体，区域协同创新本质上是城市之间的协同创新。随着区域科技协同创新发展的不断推进，区域科技协同创新的理论研究和城市群创新合作等将成为区域科技协同创新的主要研究方向。

　　四是综合对比分析法。书中对东北与世界上发展模式较为成熟的旧金山、纽约、东京湾三大湾区在科技要素流动机制、科技中介服务体系、科技创新创业环境、科技创新激励政策等方面进行综合对比分析，明晰各区域由要素驱动阶段向创新驱动阶段过渡中存在的共性特征和相对差异性。通过对比分析找到这些科技创新中心形成科技创新优势的本质规律。研究通过对比剖析以三大湾区为代表的科技创新中心协同发展创新的模式与经验，为东北地区提供重要的借鉴。

第二章

区域科技创新协同发展的理论基础

第一节 协同学及其与区域科技创新的关系

协同学理论是在 20 世纪 70 年代由德国物理学家哈肯首先提出的。哈肯认为，在自然界和社会领域有很多种类不同的系统，这些系统各式各样，有的有生命，有的没有生命。但是这些看上去千差万别的系统却有某些共同的特性。各种系统的内部是由多个子系统有机组成的，而每个子系统又有多个构成要素，系统大多处于不断演化发展当中。在哈肯看来，系统内部各个子系统之间通过协同的方式使系统向有序结构的方向发展，而且这种协同的行动中隐含着各要素之间及各子系统之间的非线性相互作用，这种非线性相互作用使得各要素及各子系统之间存在一种互为因果的相互关系。随后管理研究者将这一思想应用到企业新产品开发（NPD）领域，并扩展至企业与价值链上下游企业、互补企业甚至竞争企业在产品设计、制造和销售方面的资源共享及协作运营。随着 80 年代协同思想在创新系统理论中得到重视和深化，90 年代学者们对区域创新系统、产业/部门创新系统、技术系统、创新网络、集群创新等的广泛关注，产学研结合的思想逐渐在科技管理实践中得到推广和应用。

国内外对于协同创新的研究还主要集中在微观企业领域，关于微观企业内部的协同创新比较多见。协同创新代表着在某一层次创新过程中所采用的创新范式或模式，就企业内部创新而言，协同创新主要指的是企业内的不同生产要素之间在企业创新中的协同或者是企业内职能部门之间的协同，协同的目的是产生协同效应，也就是通过各要素或各职能部门之间的协同达到整体功能远远大于单个要素或单个部门个体功能的简单加总，产生"1＋1＞2"的效果。企业内部的协同思想其实在熊彼特对创新的定义中就体现出来了。熊彼特认为，创新的实质就是往生产系统中注入一种"新的组合"，这种组合就体现出了协同的思想。另外，从技术创新模式的发展历程来看，基于要素的协同创新思想已经存在。技术创新模式经过了四代的发展，最传统的技术创新模式是基于线性过程的模式。目前已经发展到综合集成模式或网络化创新模式阶段，这种模式认为，技术创新是一个涉及多要素、多组织的社会过程，它不仅包含企业内部不同创新要素或职能部门（如研发、生产、市场营销部门）之间的非线性相互作用，甚至涉及跨组织网络化合作创新的阶段。由此可见，在这种模式里所蕴含的创新要素之间的协同思想。

就国内而言，陈劲等（2012）指出协同创新的内涵本质是：协同创新是企业、政府、知识生产机构（大学、研究机构）、中介机构和用户等为了实现重大科技创新而开展的大跨度整合的创新组织模式。协同创新强调创新资源和要素的有效汇聚，通过国家意志的引导和机制安排，突破创新主体间的壁垒，充分释放彼此间"人才、资本、信息、技术"等创新要素活力而实现深度合作。协同创新对于区域创新的影响体现在：协同创新可以更好地实现区域内或区域间创新资源的共享，同时，协同在创新资源的整合上，更强调区域创新行为主体间的协同作用，通过"互动"和"合作"取得单个创新主体无法取得的协同效应，这些都有助于区域创新绩效的提升。

徐英吉、徐向艺（2008）认为，企业的创新可以大体分为两类：一是技术创新，二是制度创新。而且他们认为技术创新和制度创新必须协同发展，在企业的运行过程中，这两种创新的力度客观上存在一个最佳的匹配关系，如果只重视其中一种创新而偏废另外一种就会导致匹配关系被破坏，最终使得企业的竞争优势受到严重的影响。郑刚、朱凌（2008）就企业创新提出了一个新的范式——全面协同创新，他们认为在企业创新过程中应当站在全局的视角来促使战略、技术、生产、市场、文化、制度、组织等创新诸要素实现整体协同配合，而不能将视野局限在某一种或局部几种要素上。同时，他们还认为要实现企业创新的全要素协同目标，通常要经过五个阶段：沟通—竞争—合作—整合—协同，并且他们将这一协同模型运用于对海尔集团的研究中。他们所提出的全面协同创新概念以及所构建的五阶段模型对于企业创新的理论研究与实践有着很大的指导意义。宋泽海（2006）将协同学理论与方法应用于冶金企业的创新研究中，他认为要实现企业创新的成功就必须在促进企业创新系统内部各子系统（如研发子系统、生产子系统、营销子系统等）自身得到有序发展的同时，实现子系统之间的全面协同发展，这种全面的协同会对企业创新的绩效产生积极的影响，并且运用了复合系统协同度测量模型对具体的冶金企业创新协同发展状况进行了测量。该研究成果为冶金企业乃至其他行业企业的创新实践提供了参考和借鉴。

邢建军、李洋（2010）从区域知识资本的扩张路径视角比较系统地构建了创新网络要素间协同能力的测度框架，该测量框架主要从以下三个方面来构建：要素素质、协同过程以及区域市场。从这一测度框架出发，设计了创新网络要素间协同能力评价指标体系，这些指标中既有定量指标也有定性指标，然而该作者没有将这一指标体系实证运用于具体的区域创新协同能力测量，但是其所提供的分析思路为今后的研究提供了重要启示。陈丹宇（2009）从区域的层次运用协同学理论与方法对长三角地区（江苏、浙江、上海）的区域创新系统协同发展状况进行了研究，结果显示就单独的省份而言，每个省份各自创新系统的有序度较高，但是从跨省区的长三角整体区域而言，其创新系统的协同程度偏低，究其原因就是每个省份内部各自的市场化水平比较高导致省级创新系统有序度较高，而跨省区的创新系统因种种原因造成各类创新要素难以协调而导致其协同度较低。这一研究结果对于我国其他地区实行跨省区创新系统的构建和发展提供了重要的启示。另外，邵抛、黎苑楚、李健（2007）在研究了中部六省的科技发展战略之后认为，中部六省应当努力推动本区域内的科技协同，在促进各省份内部创新要素协同发展的同时，要关注六省跨省区的创新体系建设。

综上所述，区域科技协同创新的思想始于协同学，并将这一理论应用于微观领域的企业，特别是企业内的科技创新与制度创新的协同，也包括诸多要素间的协同，进一步的协同创新理论被应用于区域的协同创新之中，构建了包括企业、政府等多主体多层次多维度的区域协同创新体系。

第二节 创新理论及区域创新体系

一、创新理论

创新理论的整个发展历史是：技术创新理论—国家创新系统理论—区域创新系统理论—区域科技创新系统理论。

技术创新理论最早可以追溯到亚当·斯密与马克思对技术进步与经济关系的经典论断。亚当·斯密在《国富论》中指出："国家的富裕在于劳动分工、新技术发明及资本积累。"其新技术发明蕴含着科技创新的内涵；在马克思看来，生产力是经济社会发展最重要的因素，只有不断改进生产工艺、改变生产方式、提高劳动生产效率，才能极大地提高社会生产力。熊彼特深受马克思的思想启发，于1912年在其发表的《经济发展理论》首次提出"创新"的概念。他指出，经济发展是一个动态演进过程，是不断将创新引入经济体系中，对生产要素和生产条件进行重组，改变原有的生产方式，促进经济持续发展。他后来又在《经济周期》这本书中详细阐述了其创新思想，由此开创了技术创新理论研究的先河。随后，国外经济学者从不同层次对创新理论进行阐述，研究内容更加广泛、成果更加丰富。在熊彼特创新理论的基础上，西方学者曼斯菲尔德等（Mansfield et al.，1991）对技术创新的内涵、特征、内容进行研究，并探讨了技术创新的对象、影响因素、模式和演化规律等，使技术创新理论初步形成了一个相对完整的研究框架。从几十年来西方诸多经济学家对技术创新的定义中可以看出，技术创新应具有两方面含义：一是新颖和非连续性，二是必须获得最终的成功实现。纵观国外经济学家对企业技术创新理论的研究成果，其研究内容广泛，主要涉及技术创新原动力、创新与市场结构选择、扩散问题等诸多方面。

关于国家创新理论，无论是以阿勃雷莫维茨（Abmmovitz，1962）、罗伯特·索洛（Robert Sofow，1957）、罗默（Romer，1986）等为代表的新古典经济学派，还是以施穆克勒（Sehmookler，1966）为代表的新熊彼特学派，其共同的不足之处在于强调创新对于经济增长的重要作用以及创新过程。1987年克里斯托弗·弗里曼首先提出了国家创新系统的概念。他认为在人类历史上，技术领先国家从英国到德国、美国再到日本，这种追赶、跨越不仅是技术创新的结果，而且还有许多制度、组织的创新，从而是一种国家创新系统演变的结果。弗里曼把国家创新系统定义为："一种在公、私领域里的机构网络，其活动和行为启发、引进、修改和传播新科技。"1990年国家创新体系研究的国际学派代表——迈克尔·波特将国际创新体系的微观机制与其宏观运行实绩联系起来，并在这一年出版的《国家竞争优势》一书中提出了国家创新系统钻石图，他认为要素条件、需求条件、相关的支持产业以及企业的战略与竞争状况是影响国家竞争优势的四个决定因素。国家的竞争优势建立于成功进行技术创新的企业的基础之上，从某种意识上讲，国家只是作为一个企业的外在环境发挥作用，并以不同的方式加强或削弱企业的竞争力。

二、区域创新体系理论

区域创新体系理论是一个相对崭新的研究范畴，来自国家创新系统理论和现代区域发展理论。区域创新系统是国家创新系统的向下延伸，是国家纵向创新网络中的子系统。现在，国家创新系统或区域创新系统的覆盖面比较宽，不仅包括科学创新、技术创新，也包括组织创新、制度创新、政策创新、管理创新。国外学者对区域科技创新理论的研究主要有以下几个方面：

1. 区域科技创新的概念研究

库克（Cook，1996）对区域创新系统的概念进行了较为详细的阐述。认为区域创新系统主要是由在地理上相互分工与关联的生产企业、研究机构和高等教育机构等构成的区域性组织系统，由这种系统支持并产生了创新。奥蒂奥（Autio，1998）认为区域创新系统是"基本的社会系统，由相互作用的子系统组成……组织和子系统内部及相互之间的互动产生了推动区域创新系统演化的知识流"；大卫·多洛雷等（David Doloreux et al.，2003）研究认为，区域创新系统包含两方面的内容：一是创新活力，它包括企业与"知识组织"，如大学、研究机构等的密切关系，组成了一个支撑性的"知识基础设施"；二是区域作为一个政体，可以通过某种治理安排来促进和支持这些关系。由于研究区域创新系统的国内外学者具有不同的学术背景，研究的视角也不一致，目前关于区域创新系统的定义和内涵还未获得一致的认同。不过，他们一般都认为基本内涵应包括以下几方面：（1）具有一定的地域空间；（2）以生产企业、研发机构、高等院校、地方政府机构和服务机构为主体成员；（3）不同主体成员之间通过互动，构成创新系统的组织和空间结构，从而形成一个社会系统；（4）强调制度因素以及治理安排的作用。

2. 区域科技创新环境研究

对于创新环境的研究是 20 世纪 90 年代国际学术界创新研究的重点领域之一。其研究主要动向包括：（1）对不同层次区域创新环境的研究；（2）对区域创新环境的动态过程的研究；（3）对创新环境与区域内企业与地方环境相互作用问题的研究；（4）对区域整体创新环境优化的研究。

3. 区域科技创新系统组织结构研究

组织结构研究是区域创新系统研究的核心内容之一，近期研究的主要内容包括：区域创新系统组织关联形式。伦德瓦尔认为"学习"是单元间的主要关联形式。自威特认为"激励"是其主要关联形式，OECD 则认为是"知识流动"；组织机构间的作用内容主要包括企业之间、大学与企业、独立 R&D 机构与企业、地方政府与其他创新机构间在创新方面结合的内容，包括各种创新要素和创新产品的机构流动。

4. 区域科技创新能力研究

对于区域创新能力与影响因素的研究主要包括以下三个方面：一是区域创新潜在能力分析。主要通过对不同区域的整体创新组成要素的质量、规模及创新结构类型等进行对比分析，从而确定其创新的潜在能力。二是区域创新实力的分析，主要通过定量分析和对比实际表现出来的各种创新成果，以确定创新实力的强弱。近年来重点研究问题在于如何通过优化区域创新组织结构来增强区域创新实力，如劳森和罗伦兹（Lawson and Brenz，1999）对明尼拿波利斯和剑桥地区的实证研究。三是区域创新对区域发展影响研究。侧重区域创新对区域经济增长、经济的区域竞争能力以及区域整体竞争力的贡献。

综上所述，创新理论与区域创新体系理论是支撑区域科技协同创新的两个最基本的理论体系，区域创新体系从不同的层面、不同的维度为区域内创新，尤其是科技创新的内在逻辑奠定了基础。因此，区域协同创新的核心是强调不同创新要素如何以各自的内在逻辑相互协同，从而促进区域科技创新。

第三节　区域科技创新协同发展研究的相关问题

一、区域科技创新协同和耦合研究

曹振全、汪良兵等（2012）通过技术研发系统和改造系统，借助于单因子回归方程进行了系统协同演化分析。冯锋和汪良兵（2012）采用多阶段的超效率数据包络分析（DEA）模型，解决了单元间的对比问题，并进行了水平分析和协调发展度评价。郭效中（2012）以1990～2008年京、苏和粤科技经费支出的详细数据，建立了时间序列模型，从单位根和协整角度进行了研究。陈雄辉、谭春华（2013）提出区域科技创新联盟的观点，认为创新资源的配置问题实际上就是资源整合的不断调整过程，要想实现资源的有效配置，最佳方式就是耦合。王秀玲（2015）认为北京、天津和河北地区科技创新具有协同、资源和富集等基础，具备科技协同创新的优越集合条件，因此要在科技协同创新上建立发展原则，并形成有效的路径选择。佟金萍、陈国栋、曹倩（2016）构建了科技创新、科技金融和科技贸易的耦合模型，依据协调度测算因子，研究他们之间的协同和耦合关系。肖田野、罗广宁、陈丹华（2017）以广州为例，利用年度数据，构建耦合协调模型，得出广州地区科技创新与经济发展的内在关联，并提出了应对的措施。李海超、盛亦隆（2018）采用了2009～2015年的全国各个省市的经济数据，构建复合系统协同度模型，进行序参量的确定。华坚、胡金昕（2019）基于全国20个省市的数据，利用灰色关联分析法，构建耦合协调度模型，计算关联系数，借助于KMO关联矩阵，比较了省域的经济发展质量问题。张昊和吴自涛（2020）探讨了区域科技创新协调发展的继承发展模式、新建发展模式等三种模式，并进行了三种模式的比较分析，希冀得出一定的启示。肖振红和范君荻（2020）运用熵值法确定权重，建立耦合测度模型和门限回归模型，进行了全国30个省份的数据实证分析，得到了人员数量与科技绩效间存在明显的非线性关系。郭爱君、杨春林和钟方雷（2020）从生态理论角度出发，探讨了区域科技创新与生态环境的耦合协调问题，探索出不同生态区域的异质性特征和空间溢出效应。李群、蔡芙蓉和张宏如（2020）研究了制造业工匠精神与科技创新能力的耦合问题，基于全国31个省份的数据分析，引入耦合度模型，力求描述制造业与科技创新之间的联系和差异性。

二、区域科技创新空间结构分析

孙庆（2012）研究了区域科技创新平台空间的均衡布局、点极布局等三种类型的布局模式，并详细分析了每种模式的布局特点、思路和最优选择。叶小岭、叶瑞刚和张颖超（2012）研究了企业集聚科技创新水平和效益评价体系，采用均方差分赋权法、灰度关联赋权法对研究对象的熵值进行评价和比较序列分析。雷怀英和靳辰璐（2014）利用空间计量，并结合 GIS 综合分析了区域科技创新综合水平的空间分布特征，绘制地域分布图，得出地域分布梯度特征和空间集聚效应。李向阳（2014）利用网络分析的方法，研究创新节点的变异水平数量，应用软件 EMS 得出 19 个省市区域网络结构维度变量的计算结果，提出产学研联盟的创新形式。连蕾和卢山冰（2015）利用区位熵测度，研究了科技创新聚集效应，得出全国的高新技术产业的聚集效应相应排名和效率分析。朱辉（2015）运用 SPSS 软件，根据相关系数矩阵，得到区域科技聚集度水平的综合评分，依据临近二元权重矩阵得出检验结果，绘制散点图。谷国锋、李连刚和王建康（2015）研究了科技创新在地理空间上的依赖、聚集和溢出效应之间的关系，检验空间自相关的存在性，建立空间滞后回归模型和误差回归模型，运用极大似然估计法进行了模型的估计。向丽（2016）建立全国各省份的产业集聚水平模型，利用变异系数法和线性加权法建立科技创新能力评价指数，并结合实际研究了区域科技创新能力与产业聚集水平的整体协调状况。王涛、顾晓雪等（2016）运用 SPSS 软件对全国 30 个省份数据进行分析，采用主成分分析法和聚类分析法，分析了区域创新模式，得出区域科技创新产业聚集效应和分布。吴翌琳和吴洁琼（2017）基于社会网络的研究方法，利用网络爬虫技术，研究了科技创新领域的空间聚集、合作网络、小世界复杂化节点等问题。刘海鹰（2017）利用最小二乘法，对区域科技创新模式进行了分析，引入区域聚集 C－D 生产函数，总结出区域科技创新呈现的新特点和带来的产业聚集效应。李佳雯和郭彬（2020）基于

2008～2017 年的全国各省市的面板数据，研究了空间相关性和聚集性的问题，通过建立耦合度模型得出空间上的自相关关系和"东部、南部高和西部、北部低"的特征。产健和许正中（2020）运用杜宾空间计量模型分析了 2009～2018 年全国省市的面板数据，再现了科技创新能力与其他因素的多重关系，得出经济距离和地理距离的关系。曹允春和王尹君（2020）以 30 个省份的面板数据为基础，对科技创新服务业的聚集效应进行了非线性的影响性研究，得出 U 型门槛的非线性特征以及空间溢出效应。

三、区域科技创新协同机制和机理研究

单初和彭华涛（2005）探讨了区域科技创新框架体系的构成，从需求拉动、供给推动、环境驱动的角度设立了区域科技创新动力机制，并提出了完善协调发展运行机制的对策。姜钰（2009）提出了区域科技与经济系统协调发展的运行机制，从经济、社会、环境和宏观政策的多维度，建立了循环链接模式，利用超循环的方式将多个子系统复合为一个大系统。饶光明、王勇和吴忠俊（2009）基于内外共生循环理论，依据 C-D 函数和科技进步贡献率，探讨了长江上游地区科技创新与经济增长路径机制。林海、朱春峰和彭劲松（2011）运用系统动力学的理论，研究了区域创新体统的结构，通过系统因果分析，形成正反馈环，建构了政府、高校和科研机构与企业的生态圈。孙庆（2011）研究了区域科技创新平台系统的运营机制，分析了区域科技创新平台系统结构和特征，描述了网络化开创期、协同期、成熟期和衰落期的演进机制。戴书春、朱跃钊和陈红喜（2015）从企业的角度，依据区域创新系统理论，研究了企业技术创新的一般规律，建立了协同创新模式下的要素运作机理模型，并提出相应的策略。侯纯光、程钰、任建兰和陈延斌（2017）从科技创新和绿色效用的角度出发，运用空间计量经济学的手段，建立绿色化评价模型，试图刻画科技创新对绿色化的影响机理。刘峥（2017）系统研究了知识集聚模式、创新服务中介集聚模式

和创新成果转化模式对新兴产业的催化效应，在 C – D 函数中加入产业聚集指数构建模型，得出不同的模式机理影响。王进富和张耀汀（2018）通过建立系统动力学模型，构建区域创新系统因果关系图，研究了科技创新政策对区域创新能力的运营机理，认为不同的政策工具所带来的作用效果是不同的。曹玉娟（2019）运用数字化创新的特质和区域创新场景，构建新的认知图式，引入新的逻辑起点，再构区域创新体系，形成数字赋能的区域创新范式。高思芃、姜红和张絮（2020）运用 2008 ~ 2017 年数据，基于生态学原理，构建复合系统协同度模型，测算出哈尔滨和长春城市群的科技资源协同效应，得出有效的资源配置效果，并提出生态化的治理机制。

四、区域科技创新协同发展的影响和绩效评价

冯志军和朱建新（2011）按照产出效率和转化效率，采用数据包络分析方法构建二阶段模型，对创新效率进行了科学合理的综合评价。高霞、陈凯华和官建成（2012）基于非线性的视角，引入无关性指数，对我国区域科技创新进行了相对绩效比较研究。于丽英和戴玉其（2012）运用模糊 QFD 和模糊 TOPSIS 方法，研究了区域科技创新竞争和合作关系的影响因素，并对长三角区域科技创新进行了排序分析。王洁和曹莉莎（2014）以东莞 2007 ~ 2012 年的数据，运用层次分析方法确定指标权重，建立层次结构模型，并进行了一致性检验。刘志华、李林和姜郁文（2014）通过选取 31 个省份的面板数据，建立正态云综合评价模型，设立指标体系，评价出我国东部、中部、东北和西部地区区域科技创新排序。李林、刘志华和王雨婧（2015）采用二元语义模糊方法，通过问卷调查，建立区域科技创新评价指标体系，研究区域科技创新的绩效问题。张永安、耿喆（2015）分析整理了 102 项科技创新政策，设计区域科技创新评价指标，以图像方式呈现 PMC 曲面，并计算 PMC 指数，对区域科技创新政策实施效果进行了有效性的评价。李恒、杜德斌和肖冈（2016）利用 1996 ~ 2012 年中国各个省市的数据研究了

中国科技创新重心转移的影响，认为中国科技重心向东南转移。王炜和范洪敏（2016）计算了全要素生产率，得出技术效率、技术进步、全要素生产率与 GDP 增长的关系，并对相关因子进行了分析。田逸飘、刘明月和张卫国（2018）基于中国 30 个省份的面板数据，借鉴 Kaya 恒等式，分析了中国城镇化对区域科技创新的影响。刘倩（2019）从驱动效应、规模效应和协同效应等角度，探讨了大数据产业对科技创新影响的路径和模式。刘永千（2020）从高校、政府、企业和中介机构四个主体出发，运用因子分析模型，依据方差贡献率，进行主成分分析，探讨了各个因素的相互关联作用。

第三章

区域科技创新协同发展的宏观理论分析

第一节　区域科技创新体系的构成

在经济全球化和知识经济发展的背景下，知识的生产特别是隐性知识的生产已经成为重要的地区资产。而作为知识创造和政策实施的载体，与国家经济相比，地区经济正发挥日益重要的作用。地区经济发展的主要动力来自创新和实现创新技术化和产业化的相关制度，这些制度主要体现在区域创新体系的构建和完善等方面。多重治理结构下的区域创新体系由区域、国家和跨国的技术创新体系和制度等构成。从国家层面上整体建立了技术创新的组织框架，而区域的创新主体包括地方政府组织、公共管理机构和大学等教育组织和企业等，与国家确定的技术先导区和国家科技创新规划共同组成了次国家层次的技术创新体系和框架，即区域创新政策的主体。该创新体系不仅有助于通过区域企业的集聚战略提高地区创新能力，而且有助于完善知识产出的地区管理机制。

次国家层次的技术创新体系和框架体现了在治理结构上由以国家为主向区域、国家多重治理结构的转化，需要考察国家创新体系、研企创新体系和区域创新体系三者之间的关系。国家创新体系在构建中要综合考虑企业的研究机构、国家研究机构和研究型大学以及创新政策管理机构之间的联系、人力资源的合理流动、产业集聚以及企业的创新行为等经济和制度因素，同时社会、政治与法律因素也会影响知识的创造和技术的传播。研企合作创新体系强调从组织结构上解析企业的技术创新战略，其目标是推动新的知识研究和技术创新，并采用新的知识和技术来生产成功的产品。在研企合作创新体系中，知识被分作两类：一类是显性知识，包含在产品说明和产品生产流程中；另一类是隐性知识，仅仅能通过经验、与导师交流或类比分析来学习，与传统管理者更关注显性知识相比，现代管理者更关注隐性知识，而区域研发创新体系的优势体现在能够将隐性知识转变为显性知识，并由此形成了完善的商业创新行为和创新机制。与国家创新体系或研企合作创新体系相比，区域创新体系在技术创新中发挥日益突出的作用，其发挥的作用主要表现为能够更有效地组织和动员研发创新机构和个人的力量形成更有竞争力的动态知识创新体系。传统技术创新政策具有技术保护主义政策的典型特点，近年来技术创新政策出现由国家职能部门向区域职能部门转移的趋势，政策规划的制定逐渐由区域职能部门来承担，同时创新园区成为区域创新政策的主要载体，以此为基础的政策手段不断出现。区域创新体系在实践中由于区域的结构差异而形成多种模式，在区域发展中能发挥不同的作用。而对区域创新政策的考察需要将国家和跨国的技术创新问题考虑进来。尽管在区域层面，创新政策并没有正式的组织机构来负责制定和实施，次区域的集聚模式被认为是区域创新政策实施的载体。从不同区域的产学研关系的演进来考察其与技术创新管理结构的关系是非常重要的，其中包含了多层次的地理空间概念。区域创新政策的目标是构建和完善区域创新体系，通过提升区域技术创新能力和建立新的产学研合作关系来增强国家在全球知识经济发展中的竞争力。区域创新政策的实施有利于培育激励知识生产和技术创新的发展环境，例如，通过集聚战略，区域层面上的企业以及组织间的复杂合作关系与合作模式可以得到提升。

英国经济学家菲利普·库克（Philip Cooke，2001）认为与其他经济政策相比，区域创新政策的政策工具更灵活，需要根据区域的特点选择不同的政策工具。区域创新政策选择与区域创新体系的构建主要依据三个方面的理论：一是系统理论，特别是该理论在系统规划方面的应用；二是在创新政策和实践基础上发展形成的系统创新理论；三是区域网络理论，该理论与产业区位论是密切联系的。马库森（Marcussen，1984）提出区域创新政策是构建区域创新体系的工具，强调创新过程的区域维度以及技术创新应该与区域经济竞争优势紧密联系，并由于地理的相邻性质使创新要素构成网络，即研究创新主体和机构在空间上的相互联系以及从组织上和制度上构建区域创新体系框架。

第二节 区域科技创新体系的整合与协同发展

区域网络的研究源于在区域和市场的合作能力显著下降的背景下，对尖端科技研究的需求增加和创新的不断产生。如果中央政府认为其在研究和开发的大量投入并没有带来足够的科技创新产出，就会更依赖地方政府，由此地方政府在技术创新中所发挥的作用就会上升。区域创新体系的概念来自区域创新政策，与区域创新网络有关，是以系统的观点来规划区域的创新活动。创新被看作一个互动过程，创新政策的维度包括各辅助子系统，涉及技术创新所需要的知识和资源，可以通过创新企业网络来提供，由此形成了一个辅助体系的上层结构以类似市场化的运作方式处理技术创新活动。创新主体通过开展网络化的工作不仅建立联盟或合作关系，有时会形成区域垂直一体化的供应链模式，而且通过创新政策和知识创新子系统建立联系。因此，在政府的创新辅助体系中也会体现子系统的特点。每一个子系统与全球、国家或其他区域的创新主体实现动态互动，或通过技术和部门创新体系来实现（见图 3-1）。区域创新体系的框架适用于不同的创新活动，并与区域、网络和创新体系的管理权力结构密切相关。

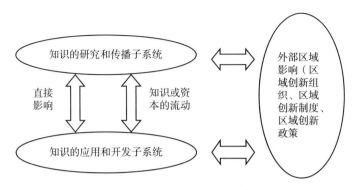

图 3 - 1　区域创新体系各子系统关系

　　尽管企业子系统的研发活动主要由大企业或寡头企业占据主要地位，也有一些地区形成大企业和中小企业混合的创新模式。但在一些地区创新体系构建中，小企业和创业企业占据支配地位，特别集中在新兴技术产业集聚区域。在这些地区，更多的是鼓励创业小微企业建立技术创新的体系，如与风险投资、大学及公共研究机构加强联系等。创业企业和小微企业的创新体系被区分为创业体系或创业型区域创新体系以及市场导向型创新体系和制度导向型区域创新体系，其中制度导向型区域创新体系中政府的支持作用更为重要。

　　区域创新网络强调区域内创新行为的维度构成、创新主体之间地理上的相邻以及与区域的竞争优势相结合构成的创新优势。区域创新网络由相互作用的创新主体和子系统构成，从理论上看，区域创新体系中包括知识的应用和开发子系统以及知识的生产和传播子系统，其中前者主要由企业和消费者构成，而后者主要由政府组织、公共管理机构和教育组织构成。其中，知识应用和开发子系统是区域创新体系中商业创新活动的主要原动力，也是体系的核心。知识的生产和传播子系统为商业部门提供支持活动并从事知识和技术的生产和传播。除此之外，区域创新体系中的公共管理机构和政府通过激励产生影响，来提升与技术创新相关的基础设施水平、开发可替代性技术、促进新兴技术体系建设以及支持协同创新活动等。由此，技术创新体系被描述为互动的知识生产和开发的子系统，并与全球、国内和其他地区的创新体系相互联系。在这一过程中，企业和其他组织通过网络嵌入性制度环境系统地参与技术创新互动和交流。在区域知识生产体系中，区域创新体系在技术、制度和组织上具有发挥支撑作用的制度类基础设施的作用。

区域创新体系各创新主体相互联系所构成的创新网络由于产生不同种类的相互影响而存在差异，这种相互依存的关系体现在创新主体和子系统以及在形成系统基础的区域和外部环境之间。上述联系具体体现在互动的学习过程、合作过程以及知识的交流活动以实现外部的专业支持、效率的提升以及降低风险和不确定性。从制度环境来看，包括区域的规制政策、标准以及价值取向等共同影响上述联系的强度以及持续性。由于制度环境及其效果具有区域性的特征，因此区域创新体系难以被完全复制。有利的制度环境将会使与知识相关的互动合作行为和联合方案更容易实现，因此维护并扩展区域创新主体的联系，反过来有利于促进内部组织间的知识外溢。这些知识外溢会促进区域知识的创造和扩散，并最终提高区域创新体系的创新绩效。区域创新网络及其相互关系以及不同种类创新主体的关联关系共同影响区域创新体系的绩效，这种关联关系突出体现在创新主体和子系统之间的直接联系上。从研究维度来看，区域创新体系在研究框架上与政府创新体系及商业创新体系的区别主要体现在，商业创新体系特别强调创新主体的结构和主要特征以及创新主体之间的集聚空间组织形式。而政府创新体系更多关注如何管理和控制创新进程。区域创新体系主要体现了一种相互关联且相互依存的复杂的组织体系，包括直接的联系和间接的联系以及该复杂体系体现的结构特征。在知识网络中，非直接联系对于知识的创造和扩散同样发挥着重要作用，其中区域创新体系中各组织都会从区域知识外溢中获益，即地理上以及社会制度上的临近构成外部区域网络形成的主要因素。因此，区域创新体系的绩效会受到创新主体的间接联系、创新网络的结构特征以及不同网络的嵌入性影响。

在早期的区域经济研究中，创新网络被认为是与创新活动有关，但不是与特定的区域创新活动有关。即早期研究中的创新网络被认为是产业创新网络，而不是区域创新网络，也就是创新活动所需要的环境和媒介共同作用维持技术创新活动。从经济地理学的角度考虑，工业区位的选择是与其劳动分工相关的，即受企业家和雇员的网络关系影响，知识和信息得以传播是因为其成为关于技术、专业化、劳动生产过程和相关的技能及价格在限定区域和产业社区中的交流内容。科学研究和技术创新逐渐高度网络化和在产业园区内区域化。技术创新网络另一个主要特征可以描述为培育网络中创新者的关系是创新政策的主要目标，而区域对于网络来说处于次要地位。从此意义来看，区域创新体系是建立支持创新网络的政策体系。创新者在网络中的互动关系凸显了区域或产业集聚区对创新的重要性，即经济的地理或区位因素为创新网络的形成和建立紧密联系创造了条件，这些区域成为新兴领域的知识发展的前沿。在区域产业集聚区，小的企业或创业企业而不是大企业成为研究和开发的主体，并承担具有世界前沿水平的科技研究。由此可见，区域创新网络的维度构成还包括经济网络中的社会维度，即新古典经济学家在创新理论中提出的社交性可能对技术创新活动产生的负效用。尽管一些学者认为经济全球化正在损害区域创新网络，但企业之间的创新合作形成的区域创新网络仍发挥重要的作用，科技企业正不断寻求与大企业建立合作，通过外包科技创新活动的形式进入大企业的供应链，而这些接受外包科技活动的企业经常是在区域创新体系中，从而得到区域创新政策的支持。

第三节　区域科技创新协同发展的内在机制

区域科技协同创新是一个系统性的科技创新，需要不同主体、不同产业、不同领域等实现各个层次的科技协同创新。其逻辑具有复杂性与单一性、联动性与独立性、同质性与差异性等基本特征。科技协同创新是一个矛盾的统一体，既具有整体的一般逻辑，又有不同层次的各种具体的逻辑。区域协同创新重在强调各种逻辑在区域内各个地区间的运行。具体如图 3 – 2 所示。

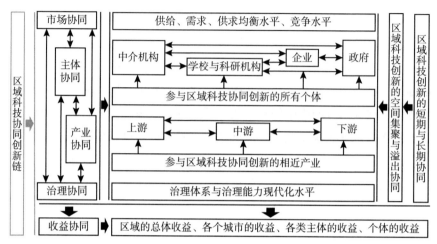

图 3 – 2 区域科技协同创新的一般逻辑

图 3 – 2 显示了区域科技协同创新系统的运行逻辑。主要包括整体协同逻辑、主体协同逻辑、市场协同逻辑、治理协同逻辑、收益协同逻辑、效应协同逻辑、周期协同逻辑、产业协同逻辑等多个不同层次的逻辑。

区域科技协同创新强调市场、治理、主体、产业、空间集聚与溢出效应、矩形与长期效应、创新收益共同协调形成区域科技协同创新链。这一整体逻辑中，科技协同创新链是协调的核心目标。创新收益的协同是其他协同的显性特征，所有协同均会表现为在科技创新收益方面的协同。市场协同是整体协同逻辑的基础，治理协调会对市场协同产生强有力的支撑作用，治理协同也会促进市场发展，推进市场协同。在此基础上，形成各产业的协同创新与主体的协同创新。进一步地，主体协同会有效地促进产业协同，反之产业协同也会进一步促进主体协同。在上述逻辑中，区域科技创新的集聚与溢出协同、短期与长期协同会贯穿始终，出现于不同创新主体、不同创新产业、不同发展水平的市场、不同的治理水平、不同的收益配置中。另外，短期与长期协同是集聚与溢出的基础，短期与长期创新的不同需求可以满足资源溢出与集聚。这一整体逻辑最终会形成区域内的良性循环科技协调创新链，创新链会进一步释放规模效应，推进区域科技协同创新发展到更高的水平。

科技创新收益是科技创新的显性表现，科技创新收益需要在不同的主体、不同的行业、不同城市、不同个体间进行协同配置，协调配置水平越高，越能有效促进下一轮的科技协同创新，否则会抑制新的科技协同创新。一般地，科技协同创新收益的配置根据创新贡献进行优化配置，其逻辑是：科技创新城市→科技创新产业→科技创新主体。科技创新所带来的收益会首先进行空间配置，即会流入创新所在的城市，其次会具体配置到不同的创新产业，进一步配置到所有的科技创新主体。从创新主体的收益配置逻辑来看，收益会向企业、学校与科研机构、中介机构、政府按市场规则进行配置，进而这些收益会最终配置到上述主体中的所有参与科技协同创新活动的每一个个体。科技创新收益协同要保证科技创新链中的每一个环节均能保持持续创新的动力，避免出现非贡献收益配置，从而降低科技协同创新水平。

一、区域创新主体协同逻辑

区域科技协调创新主体主要包括企业、政府、学校与科研机构、中介机构四大类，还包括处于四大主体之中的每一个个体。区域科技创新需要这四大类主体的有机协同，确保创新活动的顺利开展。企业是科技创新的核心主体，大部分科技创新均由企业来完成，学校和科研机构也有着类似于企业的科技创新活动，两者共同支撑起科技创新。但两者的创新机制、路径及重点均有所差异，两者需要实现互相补充，互相促进。因此，主体的协同首先要确保企业、学校和科研机构间的协同。政府和中介机构两主体在区域科技创新中的主要功能是服务于科技创新，两者的服务内容存在差异，因此两者需要协同，避免出现服务内容的冲突。政府同时还具有监督与引导的作用，因此政府侧重于宏观层面，中介侧重于微观层面。所有创新个体需要与其所对应的主体相协调，同时要与其他主体间也保持协调关系,以此保障主体创新能力的发挥。总之,科技创新主体协同由政府、中介机构→个体→企业、学校与科研机构这三个层构成,三个层次中的所有主体均存在着两两的协同关系,其中政府与企业的协同是核心协同关系。

区域内不同类型、不同层次的协同共同提升区域科技创新水平,每一种协同推进区域科技创新的机制不尽相同,这种差异化的推进机制在最大限度提升科技创新的水平的同时,也存在着协同不科学产生的协同短板的问题,会影响到区域科技创新水平。因此,需要深入研究各类协同推进区域科技创新机制,用历史的观点分析其规律,从而找到适合不同区域科技创新的协同机制。区域科技创新需要明晰的协同机制主要包括市场与治理的协同、创新主体的协同、集聚与溢出效应的协同、治理协同、产业协同、收益协同等。

二、区域创新主体协同创新的内在机制

区域科技创新主体主要包括企业、政府、学校与科研机构、中介机构以及具体的个体。每一类创新主体的特质不同,在区域科技创新活动中扮演的角色也不一样,科技创新需要各个主体间高效率的协同才能完成。一般地,就某一区域而言,主体协同包括同一个地区内的协同和不同地区间的协同,地区内的协同代表地区的协同水平,地区间的协同代表某一区域的整体协同水平。无论是地区内还是地区间,都包含着不同类主体间的协同和同类主体间的协同两个方面。

从整体上看,随着主体水平的提高,每个参与科技创新的个体所获得的收益均会增长。科技创新个体的收益需要企业、学校或科研机构、中介与政府协同,四者在推进科技创新个体收益增长中的力度会有所不同。四个科技创新主体中,企业是创新的直接推动者,学校与科研机构培养科技创新个体的创新能力,中介会对个体与企业、学校及科研机构的对接起到衔接作用,政府则是为上述三者提供更多的政策支撑。因此,一般来说科技创新个体的收益增长需要四类主体的协同。一个区域

内不同地区间主体的协同水平对区域内的科技创新水平会有着不同的影响。包括同类主体间的协同与不同类型主体间的协同，可以从部分主体协同水平与整体协同水平两个方面来考察。一般地，同一区域内同类主体间的协同水平越低，其对区域科技创新的阻碍越大，阻碍的程度与主体的类别有关。政府间的协调水平低会直接影响两个地区其他主体间的科技协同创新，包括企业间、学校及科研机构间、中介机构间的协同创新等，因此对政府而言，同一区域不同地区间的政府需要保持同等的发展水平，保持高水平的协同。对于两个地区的企业而言，如果两个地区同类企业间的协同水平低，则会出现发展水平高的企业会逐渐侵蚀掉发展水平低的企业，区域内的不平衡更加严重。因此，对于不同地区的企业而言，需要实现差异化发展，在同一发展领域内各自拥有自己的比较优势，从而可以实现企业间资源的共享，同步推进技术创新。学校、科研机构及中介机构具有同样的特征。如果一个地区内所有主体与另外地区的同类主体的协同水平均较低，那么这个地区的科技创新会严重滞后于同一区域的其他地区，同时也会降低整个地区的科技创新水平。因此，同一区域内不同地区的各类科技创新主体的协同需要依据主体的不同特质进行，不断提高整体协同水平。

同一区域内不同地区的科技创新需要集聚与溢出创新资源，从而确保创新资源的优化配置，推进区域科技创新，提升创新水平。一个地区科技创新资源的集聚与溢出包括同类与不同类的集聚与溢出。就某一区域而言，同类资源的集聚与溢出之差为正则利于创新，为负则不利于创新；不同类资源的集聚与溢出效应越大，其科技创新水平越高，同时集聚与溢出的同步性越高，其对科技创新的推动作用越大。

对于区域内不同地区的不同类创新资源来说，需要在集聚与溢出上进行协同，从而提高区域内各个地区的科技创新水平及整个区域的科技创新水平。特别需要强调的是：创新资源从一个地区向另一个地区的溢出，是因为另外一个地区对此资源有需求，因此对于另外一个地区而言，就是资源的集聚。因此，创新资源的集聚与溢出均会提升科技创新水平，对于溢出的地区来说是降低了科技创新的成本，对于集聚的地区来说是提升了创新的能力。因此，对于某个区域而言，需要区域内不同地区间围绕同一创新方向，进行差异化创新，从而可以将本区域内的所有创新资源通过集聚与溢出协同起来，在资源溢出的同时，必须获得其创新所需要的其他资源，通过协同最大化实现创新资源的效用。

进一步地，这种集聚与溢出协同可以发生在同一区域的不同地区之间；可以发生在同类创新主体之间，如"企业—企业型集聚溢出协同""政府—政府型集聚溢出协同""高校—高校型溢出协同"等；也可以发生在不同的主体之间，如"政府—企业型集聚溢出协同""企业—高校型集聚溢出协同"等；还可以发生在同一产业链的不同阶段，如"上游产业—下游产业型集聚溢出协同"等。所有参与创新资源协同的主体均需要同时具备集聚资源与溢出资源的能力，这就要求协同地区既有雄厚的科技创新基础，同时也要具备领先的创新领域，这样就可以最大限度地在区域内实现集聚与溢出的协同。

第四章

区域科技创新协同发展的微观理论分析

第一节　协同主体的自组织模式

随着经济全球化进程的推进、新兴市场竞争的加剧以及消费者需求的多样化，协同创新制度加速实现创新的重要性日益凸显，创新体系正在大幅度转化为更加开放、全球化和扁平化的创新平台，科技研发的商业化也在不断推进。同时，随着人才流动在世界范围内的日益普遍，国际争夺在科技创新中发挥关键作用的优秀人才的竞争也日益激烈。考虑到人口老龄化、人口减少以及出生率下降的问题，从长远来看劳动力的减少和国内市场的萎缩会成为重要问题。与此同时，尽管科技和人力资源对自然资源贫乏的国家和地区来说是更重要的发展动力，但在高等院校中学生回避从事科学研究专业的趋势正在增加，企业仍在适应创新体系的变革，这是导致产业竞争力难以快速提升的重要原因。

科学、技术和创新是经济复苏和可持续增长的核心驱动力。随着科技的日益成熟、研发活动的不断扩大和社会经济的全球化，以企业为核心的纵向融合研发模式的潜在问题不断凸显。以创新网络为基础、横向协同为主要特征的开放式创新模式在创新体系中的重要性正迅速提升。在这种情况下，企业、大学和公共研究机构间建立起迅速有效地产生高质量研究成果的协同创新制度尤为重要。从微观来看，协同创新的主要制度是由企业、大学和公共研究机构之间的合作 R&D 项目形成各种类型的创新联盟，在此过程中，公共财政发挥重要作用，研发联盟的参与者不仅将通过直接的知识溢出提高其创新绩效，而且可以通过创新成果的合作和交易获得间接效应。特别是对中小企业而言，这种合作为获知和购买大学和公共研究机构产生的先进科学知识提供了重要机会。

从契约经济学考虑，公共资助的研发联盟需要考虑两种重要的契约关系。一是参与者之间的契约关系，如私人企业和公立研究机构，他们有着不同的利益和动机。二是公共资金的提供者和接受者之间的契约关系，即政府和项目承担者之间的契约关系。因此，一个有效的公立研发联盟的治理机制应该兼顾上述两种契约关系。从第一种契约关系来看，研发联盟由具有不同研发动机的参与者组成：私营企业通过研发成果专利化和商业化来寻求利润，而大学和公共研究机构则致力于通过展示和发布研究成果来创造和传播新的发现和知识。从第二种契约关系来看，公立资助研发联盟主要通过契约规制来避免交叉补贴行为。

公立资助研发联盟由具有不同性质的参与者构成，这些经济实体通过契约合作确定规制和执行机制，构建有别于私人或公立的管理体系，形成了自组织管理模式。在公立资助研发联盟中，自组织是由私人企业、公立研究机构和大学的互动产生，基于长期契约关系的信任和由于契约纠纷引发的共同制裁风险而形成的组织管理模式。公立资助研发联盟在实现私人企业和公立研究机构等不同性质参与者有效合作中出现的契约规则，以及这些规则的演变和实施这些规则的相关问题和过程值得关注。在自组织内部，具有合理认知能力的契约实体之间最可能的合作水平在某种程度上由参与者自身构建合作环境的能力所决定。博弈论已经证明了在高度结构化的合作环境中，无论契约实体具有无限的认知能力还是有限的认知能力，在满足特定条件下完全合作是可以实现的。但随着公立资助研发联盟契约主体规模的增加，或是由于契约主体的合作时间缩短，合作将变得更加困难。当这些因素保持不变时，提高自组织管理合作效果的主要规则是在契约中明确规定各契约主体的权利，建立适当的冲突解决机制，以及契约主体维护合作的义务应与收益保持合理比例。同时，自组织的权利需要得到外部机构的明确承认。在自组织治理机制上，集体决策更有利于提高治理绩效，由于在决策过程中大多数契约主体都可以参与治理和对规则的制定和调整，公立资助研发联盟的治理效率会得到提升。有别于传统的组织内部的监督由公正的局外人执行的原则，自组织的监督和制裁应该由组织内部的契约实体执行。由于监督和制裁的成本通常是由实施的契约实体承担，但利益是在整个自组织中进行分配，契约主体实施监督和制裁的主要动机不仅是外在利益，内在的互惠动机也发挥着重要作用。在违约制裁上，自组织采取分级实施措施，对第一次违反的制裁应该是相对温和的，对重复违反的制裁应该是更严格的。

研究表明自组织在更大范围的合作是通过逐渐积累演化实现的，拨款、物质供给、监督、执行和解决冲突等治理活动都可以在契约主体的多个关联层次中实现。当自组织具有运作良好的规则时，它能够实现自组织内部契约主体的合作，并有利于形成有更多契约主体参与的更大范围和更深层次的合作。如果自组织不是通过先形成小规模的契约主体集团逐渐积累演化，而是在初始阶段就拥有大量的契约主体，这样的集团在实现有效合作过程中将面临更大的难度。

对于自组织，除非在起草或执行详细契约方面存在障碍，否则其通过市场机制能够很好地运作。由于在竞争中多头市场的契约主体没有能够采取策略行动的空间，因此自组织的契约主体能够形成有效的契约关系。而当多头市场的契约主体基于契约关系进行了实物资本或人力资本投资，市场中的交易就会转化为双方相互依赖的市场关系。如果没有一个完整的长期契约，那么就将有大量的准租金需要契约主体在事后通过讨价还价来决定其分配，而且该损失将与准租金成正相关关系。而自组织通过契约合作可以减少上述损失。契约合作导致契约主体较难更换合作伙伴，如果契约主体在事后的讨价还价失败或部分失败，就会失去更大的盈余。因此，契约主体具有较强的讨价还价的动机，由此契约主体将花费资源以提高其议价地位，以提高其获得的准租金的份额，从而增加了自组织内部的成本。上述契约主体间的讨价还价和相互适应的成本可以通过自组织内部对互补资产的契约合作来降低。公立资助研发联盟契约主体间的很多冲突可以通过契约规定的主要管理者行使决策权来避免。

公立资助研发联盟由于公立资助，较易通过契约在自组织内部确定决策权，从而降低合作成本和减少了合作陷入僵局的风险。同时也缩小了契约主体依据决策权以低效的方式获取租金的空间。公立资助研发联盟的治理机制主要取决于研发的技术特点和自组织在降低合作成本和低效获取租金空间权衡的偏好。此外还受到事前确定有效契约的难度和契约建立后资产专用性程度的影响。如果资产具有较强的专用性，则在自组织内部进行合作和交易活动，特别是不确定性和复杂性增加确定了完全和可执行契约的成本时，合作和交易活动需要集中在自组织内部进行。如果较易确定完全和可执行的契约，则合作和交易活动主要通过市场机制实现。公立资助研发联盟的资产专用性和契约之间具有密切联系，当资产专用性较低时，公立资助研发联盟的契约合作相对简单，持续时间较短。随着资产专用性的增加，公立资助研发联盟的契约合作变得更加复杂和持续时间更久。在极端特殊的情况下，契约或者持续很长时间，或者契约各方同属于一个所有者。因此，当资产专用性从低到高发展时，自组织内部契约主体的关系逐步由单纯的市场关系向纯粹的非市场关系转变。对于自组织如何有效解决内部冲突的问题，不完全契约与资产专用性相结合会导致组织解决冲突的效率降低。当契约主体合作根据契约规定进行大规模的专有性投资时，契约主体并不首要关注未来盈余的分配效率，而是首要关注自身的私人收益。在公立资助研发联盟中，如果契约主体必须投资于高度专用性的机器，以便为特定客户提供服务，在这种情况下，契约主体会担心在价格最终谈判时，客户会提取相当一部分盈余，从而产生滞留问题。滞留问题更多产生于非契约化的投资，由于契约主体的资产所有权意味着其在盈余谈判中具有优势。因此，契约合作中提供最重要的非契约化专有性投资的契约主体应该获得决策权。

第二节 协同主体间的契约合作形式

一、区域振兴联合研发模式

在科学技术基础模式下，政府可以实施区域振兴联合研发模式，主要从财政上资助研发联盟的建设，其治理机制是基于委托研发契约，以契约作为治理核心构成项目治理的一个重要特点。该模式的目标是由至少一家公司、一所大学或一个公共研究机构组成区域研发联盟，通过大学、研究机构与私营企业合作研发，将大学和公共研究机构的科学成果商业化，从而促进区域经济增长。项目管理机构将通过与所有项目成员签订联合研究合同来组织和协调研发联盟。从具体项目实施来看，地方政府与项目管理机构签订委托研发契约，选择研发联盟进行资助主要是依据项目投标书以及项目得到资助后第一年的中期评估和第二年的最终评估的绩效评价结果。因此，从内外部原则来看，项目的管理机制以及公众的监督均对项目绩效产生重要影响。

在管理上，公立资助研发联盟面临的难题主要在于其内部由具有不同的利益和动机的成员构成，既有学术组织也有商业机构，从而可能导致研发联盟内部冲突和交叉补贴行为的发生。不仅研究联盟的管理机制对创新绩效具有重要的影响，而且政府提供对研发联盟直接的财政支持来促进创新行为的程度也会产生重要影响，可见政府可以通过增加研发支出直接影响项目绩效，也可以通过项目管理间接影响项目绩效。

区域振兴联合研发模式在运行机制上，主要由地方政府与研究联盟选择性地签订研发项目，受资助项目的研发支出完全由政府补贴支付。由于补贴依据已签订的契约支付，因此在项目完成后由政府再支付给受委托的研发联盟。研究联盟的管理机构可以是企业、大学、公共研究机构或其他公共机构，由管理机构准备和提交项目建议书。这些项目建议书通常包括研究和商业模式的详细信息、项目模式进度、项目预算、项目管理组织结构、项目负责人、次级负责人、每个成员和每个成员在项目中的角色等。项目模式书获得通过后，选定的研究联盟的管理机构必须与地方政府的地区部门签订正式合同，开展受委托的研发项目的研究。随后，管理组织通常与项目成员签订分包协议，项目成员还被要求共同确认研究成果的商业化价值。

在项目完成后，各管理机构向经济技术产业部提交项目报告，由经济技术产业部报销项目的研发费用。地方政府根据管理机构提供的最终报告进行项目评估，在最终评估中，不仅要考虑到项目的技术成果，还要考虑到项目的管理效率和项目的间接积极影响。地方政府公布选定研发联盟的信息，包括成员信息以及这些项目的最终报告。此外，在项目结束后的五年内，地方政府还会持续支持项目成果的进一步深入研究和项目成果的商业化。通过上述方式，区域机构可以实现管理和评估项目的目标，并通过明晰成员之间的相互协议和项目信息的公开披露，不断强化具有不同利益和动机的研发联盟成员之间的互信。

在区域联合研发项目实施过程中，小型企业通过技术咨询和在最终产品阶段参与联合研发技术，寻求获取技术。与之相比，大型企业在进行同类的区域联合研发项目时，更加重视有望带来长期创新优势的基础研究和关键技术，来提升自身的研究能力。从实施效果来看，大企业与研发联盟的合作更注重提升研发潜力。中小科技公司更重视评估新产品和新技术的开发。

二、大学产业合作研发模式

促进大学与产业合作是协同创新的重点，以大学产业合作研发模式为代表。大学产业研发模式的主要目标是将大公司进行的内部研发为主导的创新体系转变为包括大学和企业的不同契约主体构成的协同创新网络为基础的创新体系，以使区域创新制度更具活力。在区域协同创新的组织中，新兴高技术企业或以新技术为基础的小微企业通过将创新思想商业化，发挥了核心作用。大学产业合作研发模式具有多种形式，从非正式的技术咨询到以契约为基础的合作研发。在不同的技术领域，大学产业合作的性质具有较大差别。

地区政府可以采用多种方式推动大学产业合作研发模式，从以契约为基础的正式模式，如联合研究和技术许可组织模式，到非正式的通信和技术咨询活动。此外，研究人员的交流和培训也属于大学产业合作研发活动的范畴。技术许可组织为高校研究人员的科研成果转化为专利和将技术专利权转让给企业提供服务，发挥了衔接产业和大学科技协同创新的纽带作用。大学产业合作研发模式的联合研究不仅包括企业为公立大学和研究机构提供资金，也包括公立大学和其他研究所为创业企业和其他企业提供的资金。对于前者，当风险投资企业或其他企业向大学和其他利用公立大学和其他研究机构研究成果的实体提供管理咨询或融资服务时，需要向地方政府提交关于服务的模式，以获得批准，证明该模式是适当的，从而能够获得风险投资基金和其他资助。如果模式得到批准，风险投资公司被授权作为支持实体，风险企业可以利用研究产生的特定技术开展风险业务，也可以获得公立大学和风险投资公司的资金和人力资源和技术支持。

交叉聘用制度是大学产业合作模式中的重要制度，该制度提供使优秀的人力资源能够在跨大学、公共研究机构和公司等多个组织中发挥积极作用的环境。在契约框架内，该制度有利于将大学或公共研究机构产生的技术顺利地转移到私营部门，加快实现产业化。在交叉聘用制度下，研究人员或专家可以受雇于两个或两个以上的组织，包括大学、公共研究机构和公司，同时根据角色管理制度下每个组织对其的期望从事研发和教育工作。在一些国家，属于多个组织的研究人员和专家的交流与合作传统上是通过双重雇用或临时调动制度实现的。但上述制度存在着结构性障碍，如服务参与率的限制以及被聘人员无资格继续享有社会保险或退休津贴制度等。而在交叉聘用制度下，研究人员或专家可以受雇于两个或两个以上的组织，在社会保险或退休津贴制度方面避免不利条件或服务参与率的限制。这种交叉聘用制度为研究人员提供了一个便利化模式，在该模式下，研究者在仍受聘于原契约主体的前提下获得临时调到另一个契约主体从事创新工作的许可。目标研究者所属的组织与该研究者新签订聘用合同的另一组织签订契约，此外，研究者也可以通过签署协议与转岗单位及接收单位签订雇佣关系契约。这种交叉聘用制度使研究人员在新单位从事临时工作时避免在社会保险或退休津贴制度中遭受不利损失。研究者在转岗单位和接收单位建立契约关系的过程是通过调任单位与接收单位签订研究人员交叉聘用协议实现的，研究人员与接收单位重新签订聘用合同，调任单位向研究人员下达临时调任令。由调任单位或者接收单位向研究人员支付报酬、社会保险费或者其他费用。上述费用可根据聘用契约的具体情况，由公立资助研发联盟向支付的契约主体进行补偿。该契约主体将选择向研究人员支付报酬和社会保险，研究人员将作为两个契约主体的雇员参与服务。

在协同创新组织中，科技人力资源开发产学研合作项目为工业、学术界和政府合作提供了机会，合作会议主要讨论各方应发挥的作用以及各方应采取的相应具体措施，以培养工业部门所需的人力资源，以及增加这些人力资源在工业部门发挥关键作用的机会。科技人力资源开发产学研合作项目通过提高大学和其他机构的教育水平，满足工业界对未来人力资源的需求，包括加强基本学术技能培训、改进专业教育和与工业企业加强合作等措施。

大学产业合作并不是一个单向过程，产业在采用大学提供的知识和技术的同时，需要加强内部的研发能力或吸收能力，为大学的技术开发提供创新资源。这对于产业有效参与大学产业研发合作至关重要。尽管企业的研发合作经验与联合研发具有密切的联系，成熟的大企业比小企业拥有更多的研发合作经验，尤其是新技术公司。但从契约经济学角度来看，大企业在研发合作中也存在契约不明晰和责任分工不明确等问题。由于合作项目的不确定性，很难起草一份明确的契约，涵盖每项任务的责任和未来成果的分配。大企业承担的研发合作项目由于涉及更广泛的基础研究领域，具有更大的不确定性，更具有不完全契约的性质。而小企业存在的问题只有少数与契约有关，小企业在研发合作中可以克服不完全契约问题，这是因为小企业中负责合作决策的人通常直接与大学教授谈判，而大企业需要更明确的契约来推进内部决策过程。

三、中小企业联合研发创新模式

在协同创新组织中，中小企业联合创新研发模式是重要的组成部分，该模式旨在帮助个人和新公司联合开发创新技术和产品并将其商业化。地方政府根据研发活动确定适合资助的创业企业并提供政府资助、补贴和信托方案。获得资金的企业和个人在新技术商业化时享有获得低息贷款的优惠政策，可以从中获得两类贷款。第一类贷款用于培育新企业，包括新企业援助基金、妇女、青年和有经验创业者的创业援助基金以及新创新活动促进基金。其中新企业援助基金的主要对象是新创业者和新企业，新创新活动促进基金的主要对象是已有企业开展新业务。第二类贷款主要对象是参与资助的特定企业，例如从事生产农业产品的个人和企业以及相关的零售企业。获得资助的企业有更多机会参与政府采购，这些企业只需展现可以参与政府招标采购的足够的技术能力，与之前这些企业的资格排名或与政府合作经历无关，通常与参与联合研发相关。为促进中小企业参与联合创新研发模式，相关契约主体的专利费会得到减免。

为适应联合创新的需要，地方政府构建新的创新体系以促进科技的应用和商业化。在研究阶段，产业、高校和政府之间的联合创新主要通过创新网络得以强化，在商业化阶段主要通过技术许可证制度来实现。在联合创新研发模式中，国内和海外的专利申请和管理均获得政府的支持，政府也通过投资培养专业人员来支持专利的获取和管理。同时在联合创新研发模式中，政府要加强对高校和公共研究机构的财政支持，以促进创新成果的商业化和推广应用。以配套资金的形式加大对民间资金的利用以促进创新成果的商业化。在创新研发模式中，政府还为产学研合作建立更多的孵化器，使契约主体拥有合作的实质场所，其中最典型例子是地方政府建立的科技孵化器。这些孵化器主要帮助将新技术转化为产品和帮助初创科技企业的发展。

除为参与模式的组织提供优惠贷款外，中小企业联合创新研发模式的另一个重要举措是强化产业、大学与政府之间的知识网络。在知识网络中，政府发挥核心调节作用，促进工业界、学术界和政府之间的信息交流，包括加强大学之间的合作及其与金融机构和其他相关组织的协调。地方政府的具体措施主要包括：一是要求大学和公共研究机构在与工业部门进行的科技合作中发挥更积极的作用，提供高质量的研究成果和及时协调与其所提供的研究成果相关的知识产权等。还要求大学优化其产学政府合作职能，包括构建具有广泛职能的产学研合作组织，以及加强产学研合作总部与产学研合作组织的整合与协调。二是地方政府增加对大学科研成果申请国内外专利的支持，如果专利受到侵犯并可能损害国家利益，政府会对该领域的重要技术提供保护。此外，还要求大学和公共研究机构改进研究管理制度，规范与其他大学和企业在联合科研合作中的契约关系，包括重新审查与知识产权有关的合作规则以及开发和保护专业人力资源等。三是地方政府要求大学和公共研究机构在博士生参与研究时，明确对已获专利的管理和使用，完善知识产权的处理和保密政策，构建灵活的产学研合作机制，如在大学校园内建立企业实验室或公司实验室。四是地方政府加强对大学和公共研究机构的持续和广泛的支持，开展从基础理论到科研成果商业化等的创新合作。规范和鼓励私营部门资金作为大学创新的配套资金促进大学和公共研究机构以及相关投资机构的合作。由于公共研究机构具有将大学基础研究产业化的作用，政府加强和完善了公共研究机构在产学研合作中的职能。五是为全面评价产学研合作成果，地方政府推动专利许可数量和相关收入等方面的定量评估和市场贡献、研究成果传播、就业保障等定性评估，同时也可以在联合创新的各环节开展此类评估。

政府在中小企业联合创新研发模式中发挥重要作用，为推动关键领域科技创新，地方政府建立协同创新的研发体制，使企业、大学和政府等各个契约主体能够积极参与。在协同创新体制中，每个契约主体能够从总体上认识到各自的作用，并促进彼此的密切合作。在制度设计上，政府与科学和技术政策委员会协调，设立科技创新战略委员会，以确定重大科技创新项目在整体上的协同推进以及各有关部门、基金分配机构、大学、公共研究机构、工业部门等契约主体的密切合作。为支持研发联盟发展，政府鼓励在广泛领域内的相关人员和组织的积极参与，并完善支持系统，加强对科技创新成果商业化的支持，促进地方的科技进步以及知识产权战略和国际标准化战略的实施。

四、跨部门战略创新促进模式

与传统科学技术基础研发模式不同，协同创新模式被赋予新的目标，由于创新的重要性日益突出，研发领域由传统科技领域转向以解决应用难题为主。随着目标的转变，大学、研究机构和企业之间的联合研究不断增加，协同创新产生的专利保有量、专利收入和专利费用也稳步增长。为了利用科技创新解决各种经济和社会问题，企业、学术界、政府和相关部委在研发和社会实施方面开展了合作，其中最为典型的是跨部门战略创新促进模式。该模式在选择项目时主要考虑可以大幅度提升生产力的领域，旨在推动生产力的变革。

跨部门战略创新促进模式由地方政府的科技管理部门牵头，大学、研究机构和企业联合研发，其中政府管理部门履行总部职能，完成科学任务的领导，该模式超越了政府部门和传统学科的管理技术和创新制度框架，主要解决面临的最重要和最紧迫的经济社会问题。每一个创新项目均由富有经验的契约主体在协同组织中发挥领导作用，该契约主体可以是在具有影响力的政府部门，也可以是企业和学术实体。发挥领导作用的契约主体全程负责重点创新项目的研究和开发，同时该契约主体的另一个重要任务是促进政府、行业和学术实体之间的协调。发挥领导作用的契约主体负责指导协同组织从基础研究到实际应用和商业化的整个过程，也包括在项目结束后的退出战略。从整体来看，该模式重点领域的选择是以整个科学和技术领域的视角所确定，以推动综合基础科学、技术和创新政策的规划和协调。跨部门战略创新促进模式是政府的宏观引导职能的重要体现，该模式与公共和私人研发模式密切结合。在该模式中，政府科技管理部门会选择满足关键经济社会需求并为区域工业和经济发展提供持续竞争优势的项目。其优势在于通过企业、学术界和政府的合作，在公立资助下促进跨部门多学科的融合创新和重点领域具有端对端流程性质的研究和开发，范围从基础研究到实际应用和商业化的全部过程。跨部门战略创新促进模式在两个制度上进行了重要创新：一是完善知识产权管理制度，促进了研究成果的战略性合作使用；二是在国际标准、知识产权战略和初创企业支持等领域进行了规制改革。由于其目标是实现具有颠覆性的创新，需要鼓励具有挑战性的研发，而不是仅改进传统技术。因此，跨部门战略创新促进模式需要汇聚大学、企业和公共研究机构研究人员的共同智慧，在对失败有更大容忍的同时发现和培育创新研究成果。为此在协同创新组织契约中体现了对于创新成本和创新风险的更大的包容性。从运行机制来看，强有力的中央总部结构对各部委之间以及企业界、学术界和政府机构之间的有效协调至关重要。跨部门战略创新促进模式通过契约赋予每个选定项目主管以权利和责任，每一位项目主管都因其领导能力和经验而被选中，这使得他们能够有效地实现行业、学术界和政府之间的管理和协调。

　　跨部门战略创新促进模式具有多重治理结构特征，由项目主管和类似理事会的组织共同管理。项目主管通常邀请企业和学术界的高层领导者担任，在契约框架内，项目主管得到政府的支持，具有更广泛的权力，可以从跨部门角度管理项目。理事会由政府机构、企业和学术界共同建立，各契约主体通过联合契约规定了理事会的性质。主要负责审议和考察基本政策、研发模式、预算分配、后续事项等，以确保项目的顺利开展。在项目实施后，理事会主要负责对项目的相关研究、发展模式和每个项目的进展进行评估和提出必要的建议。在进行评估时，还可以聘请外部专家参与。在契约框架内，项目主管和理事会的关系是：理事会作为外部监督者，对项目进展提供建议和外部评估。项目主管作为内部管理者，与相关部委、专家、资金管理机构负责推动项目的实施，以实现相关研究机构、大学和企业等契约主体的协同创新。

第三节　交叉补贴行为与契约规制

从契约经济学来看，在公共资助研发联盟的契约框架内，公立资金提供者和接受者面临的主要风险是防止交叉补贴行为。当公立资金提供者在合作中与公立机构或公立资源具有某种特定联系，同时在竞争条件下开展公共任务和经济服务时，将其在一个地区或产品市场的全部或部分成本分配给其在另一个地区或产品市场的经济活动，特别是将成本分配给非竞争领域来补贴竞争领域的经济行为，从而在此过程中产生的违反公共资助规则的补贴行为。从公立资助研发联盟制度来看，公共机构应避免利用其用于执行公共事业的公共资源来资助其应该按市场方式提供的服务，或是以不同的方式将成本全部或部分地分配到非竞争领域，以获得竞争优势，由此，公共机构能够以低于实际成本的价格提供服务，差额由国家间接支付。在公立资助研发联盟中，交叉补贴也可能发生在联盟成员提供的是一般性经济服务却从国家获得补贴的情况，由于国家提供的补贴高于公共服务的成本，因此部分补偿金可能被用于不属于公共服务义务范围的活动。因此，为解决交叉补贴问题，在契约设计上应正确选择公立资助适用标准来避免出现过度补偿。在实践中，当同一公立机构同时提供竞争性服务和非竞争性公共服务时，往往难以完全区分两种不同类型活动的费用，因为该公共机构可能使用相同的基础设施和人员等。然而，这些共同的成本应予以仔细区分。如前述研究所示，交叉补贴的主要来源是共同成本和非竞争性市场结构，因此要提高制度的整体有效性，保障公私经营者在公平竞争环境中竞争就必须确定公共机构商业行为中特定职能的成本。因此，需要确定一种适当分配共同成本的方法和一个适当的基准，以确保公共机构为特定的服务或设施支付合理的价格，从整体来看，上述价格和基准主要由非竞争领域决定。

公立资助的经济活动和非经济活动之间的交叉补贴，是违反公立资助原则的一种重要形式。研究的重点在于公立实体参与者作为契约提供者的规制原则，研究对象相应由宪法管辖的实体转变为公营事业的实体代表，需要特别注意的是两个概念间的复杂性仍然造成了某种模糊性，由此会导致契约授权的复杂性。从契约主体来看，公司、子公司、分支机构、合伙企业、合作社、大学、公共或私人研究机构以及自然人以外的其他形式的实体都应属于契约主体范畴，与其是否具有法律地位无关。这些契约主体的主要区别在于是否在市场上提供商品或服务，也就是说，重点是所进行的行为，而不是行为主体的法律地位。契约主体与其是否是公立或私立机构，或其融资方式是由公立资助无关的，因此，只要公立资金提供者至少就其活动而言符合公共事业的资格，那么它就应被视为合法的契约主体，并应遵守所有相关的竞争和公立资助规则。公共契约主体主要根据其所有权、财政参与或管理规则来确定，政府可以直接或间接对该经济实体施加主要影响。研发联盟发挥主导作用的实体主要是非营利的实体，并且不具有企业或正规企业的组织结构，例如，大学、研究机构以及由大学和公共机构组成的联合体。上述性质决定公立资助研发联盟追求利润并不是评价其行为的唯一标准，此外前述研究表明研发联盟的主体不必具有独立的法人资格，具有公共管理职能的政府机构和国家单位就其特定活动来说，可以成为契约主体。

公立资助研发联盟在契约设计上应有效阻止交叉补贴行为，需要明确其并没有因为国家机构的参与而获得不公平的竞争优势，公立资金提供者使用的资源应具有充分的透明度和问责制。公立资助研发联盟需要解决三个问题：一是非竞争性活动和竞争性活动之间的账户要分离；二是要确定适当的分配共同成本的方法；三是确定适当的基准。具体来看，当公立资助研究联盟的契约主体受委托经营一般性创新服务时，在以任何形式接受与该服务有关的公共补偿的同时进行其他的经济活动的条件，是必须实现非竞争性和竞争性活动的账户分离，这种账户分离需要能够清楚地识别与不同活动有关的成本和收入以及获取成本和收入分配给不同活动以及分配中采用的方法的全部信息。该契约设计为防止在公共事业范围内出现非法的交叉补贴行为提供了基本保障，契约设计的核心是保证公共服务补偿不超过其履行公共服务义务所产生的费用，并且不用于补贴交叉的次级商业活动。实施账户分离的难点主要在于，账户分离并非适用于所有同时参与非竞争性活动和竞争活动的公立实体，而是主要适用于被赋予特殊或排他性权利或因履行特殊目的而获得公共补偿的公立实体。契约中应明确将单独记账的义务扩大到允许开展非竞争性活动和竞争性活动的混合行为的公共实体，特别是必须包括所有内部供应商，无论他们是否提供竞争性经济服务。公共实体在采购市场上提供服务所使用的公共资源应始终保持透明原则，与这项活动有关的具体费用和收入应与其他活动保持分离。

对于分配共同成本的方法，契约规制中并没有规定针对不同活动的分配共同费用的具体方法，主要是要求公共实体澄清分配共同成本采用的具体方法。通常履行公共服务义务所需或预期所需的净成本应使用净避免成本法进行计算，根据净避免成本法，履行公共服务义务所必需或预期必需的净成本为有公共服务义务的运营商的净成本与无公共服务义务的运营商的净成本或利润之间的差额。在没有公共服务义务的情况下，必须适当注意正确评估服务提供者预期可以避免的成本和预期不会收到的收入。净成本计算应评估公共实体的收益，包括尽可能多的无形收益。在净避免成本法不适用的情况下，可以按照成本分配法分配，其中履行公共服务义务所需的净成本可以按照委托契约的规定进行估计，其为指定提供者履行公共服务义务的成本和收入之间的差额。这里要考虑的费用主要包括提供公共利益服务所需的全部必要成本。如果公共实体还开展了不属于社会公益事业范围的活动，所考虑的费用可包括履行公共服务义务所需的所有直接费用，以及社会公益事业和其他活动共同的间接费用的适当分摊。与社会公益事业范围外的任何活动相关的成本必须包括所有直接成本和对共同成本的适当分摊。为确定共同费用的适当分摊额，可将资源使用的市场价格作为基准。在没有这种市场价格的情况下，对共同成本的适当分摊可以参照公共实体对不属于社会公益事业范围的活动预期的合理利润水平或其他更合适的方法来确定。

适当基准主要是一定财政年度内，公共机构与公共事业实体之间的年净营业额总额不超过固定数值。该数值主要取决于国家援助和公共采购规则中的透明性原则与执行这一会计义务给公共事业实体带来的行政负担之间的权衡与适当平衡。基准的合理性可以通过非竞争性领域和竞争性领域之间的相互作用来判断，即市场中是否存在明显的交叉补贴行为。根据市场投标原则，如果公共实体所提供的价格涵盖了按完全分配成本法计算的成本，则应视为不存在交叉补贴。一旦充分实现了财务透明性原则，在正常市场条件下，公共实体将不会采取交叉补贴行为。

第五章

沈大国家自主创新示范区科技创新协同发展的实践与创新

国家自主创新示范区（以下简称"自创区"）是我国加快高新技术产业发展及相关体制机制创新的先行先试区域，主要承担推进自主创新和高新技术产业发展的经验探索及示范引领重任。自 2009 年 3 月北京中关村被批准为第一个自创区以来，自创区平均以每年 2 个的规模扩容，截至 2020 年 6 月共达到 21 个，覆盖了全国 2/3 的省级行政区。按照我国区域经济的四大板块布局，东部、中部、西部和东北的自创区数量分别为 8 个、5 个、5 个和 3 个。

东北地区除辽宁的沈大自创区获批，还有长春自创区和哈大齐自创区，在区域科技创新协同发展纵深推进的同时，以沈大自创区、长春自创区和哈大齐自创区为代表，致力于打造跨区域的协同创新共同体，探索更具区域特色的发展路径。经过 10 余年的建设，自创区已经发展成为国家创新战略的重要承载基地。通过整合和规划示范区产业结构、产业链布局，形成区域创新协同机制和创新系统。

第一节　沈阳国家自创区科技创新协同发展的实践与创新

一、沈阳市浑南区国家自主创新示范区建设

2020 年上半年，沈阳市浑南区在科技创新领域投入财政资金的同

比增幅为265.3%，与之相对应的是上半年，浑南区创新主体数量、科技成果转化率继续稳居全省前列。该地区保持其在全国范围内的优势地位的同时持续扩大规模，吸引了一批高水平的项目入驻，增强了该地区的经济技术实力和社会影响力，对沈阳市及整个辽宁省的高质量发展产生了重要的影响。经过沈阳市政府多年的布局谋划和发展，至今浑南区新型产业格局体系建设成果显著，已发展成为全国首批国家级高新区、沈大国家自主创新示范区沈阳片区的核心区、辽宁自贸试验区沈阳片区的重要承载区和国家首批双创示范基地。其中该区四大主导产业智能制造、生物医药与健康医疗、新能源汽车和体育休闲发展成果显著，IC装备、新材料、健康医疗等产业的各级子产业成功进入全球产业价值链的中高端。各类研发机构总数达242家；对接科技成果502项，占沈阳市24.8%；全区新注册科技型中小企业118家，组织申报高新技术企业182家，挖掘省级瞪羚企业8家、潜在的种子独角兽企业2家，创新主体数量居全省前列[①]。

　　浑南区致力于成为科技创新公司的理想居住地和集中点，其目标是利用技术的进步来增强高质量发展的内在动力，并促进产业从低端到高端的发展。为了实现这一目标，浑南区正在建立一个完整的新型工业系统，扩大主导产业的影响力，以此来巩固高质量发展的基础。根据辽宁省科技需求和创新需要，浑南区在高度标准的框架下建立了沈阳（浑南）科技城，同时也在沈阳高新区的十个产业链上，借助如材料科学国家研究所、国家机器人创新中心、中国科学院机器人与智能制造创新研究院等重要创新机构，创建了一个聚焦于材料科学、智能化制造为主体的科技城，旨在形成一种包括原始创新、源头创新、应用创新和成果扩散接收一体化的科技创新基地。此外，该区还计划在"工"字形的产业带上，即位于创新路北部、沈本大道中央、三环南部的地方，设立产业发展的主要聚居区；加速推动数字经济的发展，使之成为5G的核心

---

　　① 金晓玲. 沈阳浑南区：让创新成为区域发展鲜明标识 [N]. 辽宁日报，2020 – 08 – 07.

领导区域；进一步加强智能制造产业的力量，积极推广智能工厂、数字车间、数字化生产线的智能提升工程。针对研发、制造和服务等所有产业链环节，着力发展新兴的新能源汽车行业，影像设备、体外检测产品、生物医学和健康管理等产业，采用"体育＋商业＋教育＋娱乐"的发展范式，全力开发体育休闲特有产业，从而创造一个多元素结合型的产业集群。

近年来浑南区二、三产业发展趋势如图 5 - 1 所示。

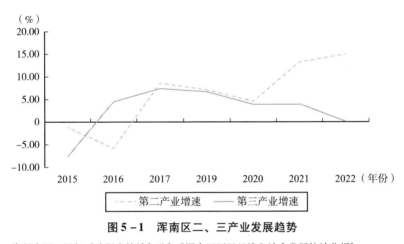

图 5 - 1　浑南区二、三产业发展趋势

资料来源：历年《沈阳市统计年鉴》《浑南区国民经济和社会发展统计公报》。

到 2023 年 7 月底，科技城基础设施建设和产业项目投资资金投入突破 100 亿元大关，科技城 "2 ＋ 4 ＋ N" 科创体系雏形显现，科技型企业、研发平台数量和增量均稳居沈阳市首位[①]；到 2025 年底，完成增强区域自主创新能力的目标，建成一批在国际上具有高度竞争力的创新型企业和产业集群，全方面提升高新区发展能力，实现沈阳市政府规划沈阳高新区重归国家高新区第一梯队的愿景。

---

① 傅淞岩. 通过 6 个 "拼抢争" 推动实现 5 大突破 [N]. 沈阳日报, 2023 - 07 - 29.

二、沈阳市和平区国家自主创新示范区建设

（一）营商环境持续优化

不断深化"放管服"工作。239 个事项实现最多跑一次，审批时限压缩 93.6%，审批效能提高 71.4%，2019 年新增市场主体 15813 户，个转企 321 家、小升规 43 家[①]。"自助打照一体机"、企业登记"7 +2"便捷工作模式作为典型案例上报国务院。"万人进万企""营商面对面"主题活动扎实推进。包保干部走访企业 9480 次，解决交通、环境、通信等企业诉求 1366 个，办结率达 98.5%[②]。打造诚信政府。全面落实减税降费政策，累计减税 19.3 亿元，惠及 4.8 万纳税人、38 万缴税自然人和 24 万缴费人；全年化解金融类债务 33 亿元，清偿拖欠企业款项 6.1 亿元，完成年度计划 120%；受理省 8890 平台（原民心网）等渠道转派民生诉求案件 32274 件，按时办结率达 100%，群众评价满意率大幅提升[③]。和平区的排名位于全辽宁省对外投资最有吸引力的地区中第二的位置上。

（二）创新创业氛围浓厚

加强创新主体培育。截至 2019 年末，全区拥有科技企业 4838 家、科研院所 46 个、省级以上重点实验室 69 个、工程技术研究中心 35 个，科技产业增加值占 GDP 比重为 16%[④]。"大众创业万众创新活动周"等各类活动已经进行了超过两百次，高科技企业的数量持续上升，到 2019 年为止共增加了 85 家新的技术型企业；有 25 家市一级的众创空间和孵化器，其中正在运营的企业达到 651 家，同时还有 265 支工作小组和 6814 名创客在此入驻。沈阳大连自立创新示范区三年发展规划已取

---

①②③④ 沈阳市和平区政府. 2020 年沈阳市和平区政府工作报告 [M]. 和平区人民政府办公室，2020.

得初步成果。和平区被评选为"2019 中国创新一百强区"。

（三）　招商引资成果显著

招商引资体制机制逐步优化。建立完善招商项目旬调制度、项目包保、与行业主管部门信息共享等"十项机制"。大力推进融通地产（辽宁）公司、中建规划创意产业园、沈阳金融科技小镇、中油北方天然气总部等重点项目落地。强力助推招商引资，不断提升对外开放影响力。

（四）　商业资源加速整合

改造升级"老字号"。重新塑造了太原街的形象，这得益于其基础建设设施的改进、商业模式的转变与优化、交通状况的改善、地下区域的设计、未充分利用资源的使用及街道管理的实施等措施，使得太原街的外观发生了显著的变化，成功列入"辽宁省试点步行街"。

（五）　金融服务支撑有力

细化金融服务，优化金融发展，发挥金融对商贸、科技、文化的支撑作用。沈阳市创建了多种形式的政府与企业间的沟通桥梁，一年内组织了 100 多次的科技金融的路演交流会，吸引了超过 3000 家的公司参加，并成功协助 46.2 亿元的资金流入到小型企业和初创公司的手中。

（六）　科技发展释放动力

国际科技交流合作得到加强。成功举办"沈阳'一带一路'俄罗斯工业技术展览会"，搭建中俄两国科技领域交流合作平台，这对于推进沈阳成为东欧与亚洲的技术研发基地起到了关键作用。一家企业完成种子"独角兽"企业备案、两家企业完成"瞪羚"企业备案。沈阳盘古网络技术有限公司获评沈阳市民营企业"就业百强""规模百强"。沈阳鑫博工业技术股份有限公司等 3 家企业获评沈阳市民营企业"科技创新百强"。小牛翻译与科大讯飞携手申报 2022 年冬奥会语言服务项目获得审批，此外还有华为国内首家 VR 云创新中心在和平区入驻等。

近年来和平区二、三产业发展趋势如图 5-2 所示。

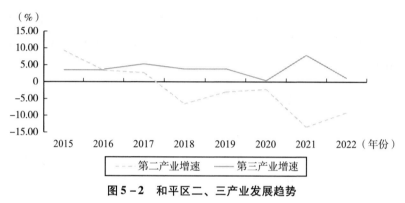

图 5-2　和平区二、三产业发展趋势

资料来源：历年《沈阳市统计年鉴》《和平区国民经济和社会发展统计公报》。

三、沈阳市铁西区国家自主创新示范区建设

2020 年 7 月 10 日，以全球领先的智慧场景服务商、国内人工智能物联网领域"独角兽"企业光控特斯联投资建设的沈阳光大人工智能物联网产业生态基地项目为代表的 30 个项目集中签约进驻铁西区，总投资额达 400 亿元①。作为该地区的主要行业及各类规模的企业都涵盖其中，实现了相互融合发展，同时"铁西区（经开区、中德园）企业联合会"也已宣告挂牌运营，其首期成员单位达到了 200 家以上，铁西区始终在精准发力加快振兴发展。

（一）精准对接企业需求

为了提升"管家式"服务的质量和效果，铁西区组建了一支专门

①　金晓玲. 沈阳市铁西区：激发高质量发展新动能［N］. 辽宁日报，2020-07-13.

的服务团队，设立了一个统一的信息入口，提供了一个专线电话，简化了一套办事流程，搭建了一个投诉处理平台，并构建了一个追踪督办系统的"六个一"的企业服务平台，全面畅通第一时间解决企业问题的绿色通道；建立项目问题"及时答""即时办"微信工作群，以方便实时解答疑问、组织会议讨论解决方案，并在有需要的时候立即采取行动来解决各种项目相关的问题。此外，铁西区也建立了完善的商业环境监控机制，引入第三方评估机构，以此严厉打击任何影响商业环境的行为。

（二）打造科技创新示范区

沈阳光大人工智能物联网产业生态基地项目"落子"于沈阳经济技术开发区的"沈阳·中关村科技园"内，将建设光控特斯联东北区域总部、沈阳光大人工智能科技公共服务平台、沈阳光控特斯联智能物联网联合研究院、智能物联网研发创新及应用示范基地、智能制造装备产业基地、智能物联网优质产业聚集基地等，将人工智能城市（AIoT Future City）规划真正落地，旨在构建一处具有国际领先水平的新一代高科创发试验场，并将铁西区打造成一座代表未来数字化城市的典范。

（三）推动产业转型升级

着眼于长效、常态化服务企业发展，"铁西区（经开区、中德园）企业联合会"应运而生。依据区域内的行业特性，该组织设立有五个分支机构：分别是设备制造业、车辆与配件工业、药品食物化学品生产商、商业零售贸易部门和小微企业的协会，第一批成员包括如东药集团、华晨宝马等超过200家的企业加入分会成为了其初始会员之一。基于对未来的长期投资建设项目的重视程度是决定地区经济增长的关键因素所在，因此铁西区必须紧扣产业发展链条来推动建设项目的发展进程，并同时关注新的动力源泉的变化情况以便更好地推进相关工作进展。同时要始终坚持节约资源的原则去开展各项工作活动,从而进一步提升铁西区的整体实力水平,进而打造出更加完善的中德园区对外交流互动的新格局。以此为契机构建起沈阳·中关村的科技创新型的新型创业基地,并在全国范围内打响国家级新区开发建设的知名度、品牌形象,力求通过实际经营活动的实施不断强化本地区的核心竞争力。同时也借助科技驱动的力量助力当地经济社会实现更高的跨越式成长目标,努力争当辽宁省乃至整个中国高质量可持续健康快速进步的"排头兵"。

(四) 打造全新招商体系

为了顺应经济市场的变化,铁西区(经开区、中德园)采用云端招商策略并实施了云签协议等方式,深度推进以产业链为核心的招商活动,同时注重内外部开放的拓展。重点关注如高级设备制造业、汽车及其配件、生物制药以及工业观光业等主要行业的发展,努力提升其供应链管理能力,加强构建"四个招商中心 + 两个海外创新中心"的招商网络,全面塑造沈阳市甚至整个辽宁省项目服务的引入和建设的核心区域,成为投资者青睐的地方。

(五) 筑根基开新局

众多创新型企业和科技创新项目的集中涌现,预示着地区的人才构成与产业形态正经历重大变革。其中有四家企业的转型发展最为亮眼,分别是:58 科创集团的项目计划通过构建新的产业链来创建新型经济工业园;盒马鲜生沈阳总部的目标是利用数据科学推动实体店的新零售模式转型;Z 广场国际创意园则致力于修复旧工厂建筑并将其打造成融合了文化和体育活动的综合性的商业园区;三一重工的"灯塔工厂"旨在全面应用智能化技术于生产流程的所有环节。

近年来铁西区二、三产业发展趋势如图 5 - 3 所示。

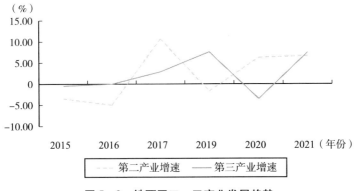

图 5 – 3　铁西区二、三产业发展趋势

资料来源：历年《沈阳市统计年鉴》。

四、沈阳市国家自主创新示范区目标及指标评价

（一）研发制造聚集区

沈阳市需要重点关注高级数控设备、海事及海洋建筑机械、航空器材、能源设施等方面的高级生产设备的发展，以助力辽宁省从规模扩张转向实力提升的历史进程中，构建"辽宁制造业创新中心"，建设一批具有国际竞争力的装备产业的技术发展策略研究机构。同时，沈阳市要积极促进信息科技与工业化的深入结合，引导工业产品升级转型至更高附加值环节，从而有效应对"工业4.0"带来的挑战。

（二）转型升级引领区

沈阳市需要加速推进机器人、集成电路设备、民航器材和数字化医疗器械的发展进程，主要包括推动新松智慧产业园、机器人创新中心、半导体设备高精度零件生产基地二期的建设，推广薄膜绝缘层上的硅材料产业化的发展，开发并实现单片处理设备的研究与商业化，支持客运飞机改造为货物运输工具的项目。同时也要关注东软医疗数字医疗设备项目的进展情况。

在新兴产业领域要建设大数据与云计算、"互联网 +"、电子商务、生物医药、盛京文化创意、清华启迪科技创新 6 个专业化产业园和现代服务业聚集区。同时推动"互联网 +"工业化生产,加快推进传统行业的数字化改造进程,从而完成由单纯的产品制造到"产品 + 服务"的转变提升过程。

(三) 创新创业生态区

沈阳市进行了全国性的移动电子支付科技创新试点的实施,并积极邀请海外研发团队进驻以建设壮大研发基地。同时,沈阳市也鼓励高等院校、研究所与科技服务公司共同成立一批跨行业的技术创新整合平台,以便向创新者们提供包括研究开发、技术移转、测试检验、创业孵化、专利保护、科技顾问、科技融资、科普教育等多种专业的服务。

要充分依托沈阳机器人与智能制造创新研究院、东北大学、新松机器人联合建设国家级制造业创新中心,加快建设国家技术转移(东北)中心和国家工业互联网研究中心、东北大学浑南创新 e 港,形成"政产学金研"相结合的全链条、贯通式科技创新体系。

当然,在完成以上三个建设计划,将沈阳市打造成国家自主创新区的过程中,也需要依据表 5 – 1 中的相关指标进行系统化规划,统筹好点与面的关系,争取早日将沈阳国家自主创新示范区的规划顺利落实。

表 5 – 1 沈阳市国家自主创新示范区评价指标

指标	单位	和平区	同比增长(%)	浑南区	同比增长(%)	铁西区	同比增长(%)
地区生产总值	亿元	850	5.50	—	—	967.368	2
公共预算收入	亿元	90.6	– 2.30	87.5	10.20	118.6	– 2.40
税收收入	亿元	84.6	– 0.60	—	—	—	—
累计减税	亿元	19.3	—	—	—	32.2	—

续表

指标	单位	和平区	同比增长（%）	浑南区	同比增长（%）	铁西区	同比增长（%）
固定资产投资	亿元	233	12.10	274	19	307	17
社会消费品零售总额	亿元	813	8	453.3	12	695	9
人均可支配收入	元	53100	7	49472	7	47863	7.30
新增就业	人	18490	−16	6700	—	16000	—
工业							
规模以上工业总产值	亿元	55	−3.50	516.8	6	—	—
内资	亿元	111.9	51.10	—	—	106.1	—
外资	亿美元	2.66	93.4	—	—	4.7	78.20
亿元以上开工项目	个	82	11	180	—	—	—
亿元以上签约项目	个	119	—	158	—	131	—
其中亿元以上签约落地项目	个	104	27	—	—	78	—
科技							
科技企业	个	4838	—	—	—	—	—
科研院所	个	46	—	—	—	—	—
省级重点实验室	个	69	—	—	—	—	—
工程技术研究中心	个	35	—	—	—	—	—
市级以上众创空间孵化器	家	25	8.70	—	—	—	—
入驻团队数	个	265					
在孵企业	家	651	2.20				
创新创业活动	场	200	233	260	—		
新增技术企业	家	85	—	194	—	80	—
金融							
金融服务机构	个	1583	—	286	—	—	—

资料来源：沈阳市和平区、铁西区、浑南区人民政府工作报告及中经网统计数据库。

五、沈阳市自主创新示范区实施政策

（一）培育良好的创新创业环境

一是培养和引进高水平的科技创新人才。沈阳市要致力于构建全方位支持科学技术专家以及高级别专业技术人员发展科学技术的特别扶持项目体系。同时沈阳市也要鼓励公司同研究组织或高校联合创建研发中心，并建设高端技能培训场所以促进科技创新活动开展。此外，为了更广泛地吸纳优秀科研人才加入沈阳市科研基地的建设，沈阳市要采取一种较为宽松的人员招聘策略来扩大"招募精英""聚贤育英"的影响范围。另外，沈阳市要积极推进示范区的优化人力资源体系改革进程：通过引入更多具有创造力的人才并且调整现有的劳动制度使其变得更有弹性化从而拓宽科技人员的交流渠道，以此助力于地区的经济和社会发展的强大动力源泉——即人力资本的支持力量得到增强。其中沈阳浑南区、沈阳高新区推出《沈阳市浑南区（沈阳高新区）高校毕业生安居办法（暂行）》，对符合条件的高校毕业生租住政府公寓和人才用房进行租金补贴。此项举措主要是面向刚毕业的学生群体，但未来也会考虑向更高层级的各类群体提供政策福利，进而不断改进相关工作的执行效率和服务质量，使得该市能更好地留得住这些宝贵资源并在一定程度上增加相关人才对其所在地的认同感和归属感。

二是完善"大企业"带动"小企业"的发展路线。支持行业领军企业、创业投资机构等社会力量构建一批投资促进、培育辅导、媒体延伸、专业服务、创客孵化等不同类型的市场化众创空间，以此来打造优越的创新创业氛围，积极推广省级小型企业公用科技平台的发展，并设立一些能向中小型企业供应商品研究、开发、测试及检验的服务性通用技术平台，从而激发这些企业的创造力与活力。

三是完善创新创业服务模式。沈阳市需要增强对创新服务的重视程度，并加速构建"互联网＋"的创业网络系统，同时创建一批小型企业创业创新中心基地，以满足根据市场化的运作方式、专业的服务内容以及资本化的发展路径所提出的要求，优化创新创业的服务模式，确保能为各类创新创业活动提供全方位的附加价值服务。

四是营造良好的创新创业平台。建立新的创造力中心，通过使用旧的工厂区域及建筑物来向初始投资者提供独特的商业场所，同时创建一处以低价位、便捷性、全面性和公开透明度为主导的共享工作环境，并构建一些重要的新科技和研发协作创新体系。借助国家高新技术产业开发区作为"双创"示范区地位的影响力，推动处于优势地位的企业、大学、研究机构和风险资本公司等参与到市场的创业活动中去。

（二）深化体制机制改革

一是加快行政审批的落实。加大创业的知识产权保护力度，构建便利的市场退出机制，为公司营造舒适的运营环境，进一步精减预先审批流程，强化过程监控管理，严格事后验收。二是形成具有区域特色的新兴产业创新体系。要充分依托沈阳机器人、智能制造创新研究院、新松机器人联合建设国家级制造业创新中心，创建出一种政府部门、企业部门、科研院校和社会资本共同参与并相互支持的技术革新的完整闭环系统。三是针对性的全方位政策性扶持。沈阳市需要改革现有的制度结构，并对其中的所有涉及创新创业的审核、资格认定、费用收取及奖励事项进行彻底的审查和重新安排。为此沈阳高新区专门制定出台了《沈阳高新区产业促进 20 条》，该文件借鉴了全国排名前二十的国家级高新技术开发区的成功实践，并在一定程度上超过了东北其他地区的普遍标准，第一次为企业的整个发展阶段提供了全方位的支持和服务。四是加快科创融合促进创新发展。沈阳市需要构建科学技术与经济相结合的发展平台，吸引各种类型的金融公司如银行、保险公司及资产管理公司等入驻。同时还要实施专门用于鼓励初始阶段企业投资者融资的指导金、高科技产业发展股票融资平台来筹集资本的财务援助计划对各个公司进行资金援助——这可以通过搭建全面的服务网络系统（包括信息共享中心）、设置专项的风险保障机制或者推行相关的高新产品险种的方式得以完成。此外，还需要利用沈阳市高新开发区作为连接科研领域和其他领域的"桥头堡"的影响力，进一步完善其整体上的商业环境和服务体系从而提升整个地区的经济发展水平和社会效益。

（三）加快产业转型升级

沈阳市要积极推进工业企业的数量翻番策略、智能化生产提升方案及优质产能出海战略，致力于构建一种新的、可持续发展型的"2445"工业结构，并加速推动制造业从传统的制造型转向智能化、高品质与环保化的进程。此外，沈阳市也要重点推动工业机器人的整体生产发展，同时还要稳固和强化专用人工智能机器人的发展，并且提早规划业务自动化机器人的布局。同时，沈阳市还要将资金大力投入到高级数控系统电机产品以及柔性加工中心、数控系统功能部件等方面的研发。

（四）政策性扶持

一是赋予沈阳市国家级自主创新示范区相应市级审批职能，进一步提高审批效率。支持先行试验示范区的管理体制机制，示范区实行"无费区"管理。二是设立示范区专项基金。在示范区，所有的高科技公司上缴的税金中，市财政部门将其中的增量部分返回给当地财政部门，以此来汇集资源支持技术创新和产业的发展。示范区内符合产业目录的可实行固定资产加速折旧。三是打造一个基于沈阳市，并且覆盖整个沈阳经济区的涵盖多种功能的科技大市场。在示范区内进行跨境人民币创新业务的试点性工作。四是制定示范区产业发展目录。将试验区设定为人才改革的实践区。

第二节　大连国家自创区科技创新
协同发展的实践与创新

一、大连市自创区发展现状

　　自沈大国家自主创新示范区获得批准后，大连市积极投资于金普新区和高新区两个创新中心的构建，专注于打造东北地区老工业基地的高级设备研发与制造集群、转型升级的指导区域、创新创业的生态环境和开放的创新引领区。大连市努力执行自创区"实施意见"和《大连市沈大国家自主创新示范区建设三年行动计划（2016－2018）》，全力推动自主创新示范区的管理体制改革，努力打造出高效运行的创新政策平台，为大连市的经济和社会发展提供了有力的支撑，进一步推动了新兴产业的壮大与发展。

　　大连市把金普新区和高新园区作为国家自主创新示范区的核心载体，以积极实现从以装备制造业为主的传统工业的转型升级，同时发展并且增加与传统工业相辅相成的新兴产业。设立的目标是搭建一个具有区域特色的新兴产业技术创新体系。关注于人工智能、化工精细化、先进装备制造、绿色能源、生命健康、现代农业等行业，通过推动创新链的布局来驱动产业链的发展，同时持续推进集成电路、新型材料、现代服务业、军民融合等关键产业领域的科技创新。致力于营建一个"大众创业、万众创新"的生态环境，加速科技与金融的融合以刺激创新的步伐，并实施开放型协作的创新办案。2019年的上半年，70个省"三年行动计划"2019年重点项目已经正按计划稳步推进，科技企业培养计划、双创升级示范计划、新兴产业扩大计划、高素质人才聚集计划、国际科技合作进一步的计划、品牌形象建造计划"六大计划"已经顺利实施，增强了高质量发展的内涵。

大连市高新区已经发布了一套旨在鼓励知识产权创新的政策，也为"瞪羚"和"独角兽"公司制定并执行了扶持项目。该区也努力建设科技创新设施，让科技成果能得到本地利用。高新区还创建了创业投资基金，吸引了超过 50 亿元的社会投资，并获得了中央及省市的扶持资金达 3.28 亿元，实行了各种政策支持资金总计达 5.96 亿元，同时减少了 12 亿元的税收和费用；还建立了科技金融联盟，使区内金融机构的新增贷款总额达到 25.6 亿元，增长率达到 40.8 个百分点，推动企业改制并上市。2020 年大连高新区共认定了两家潜在"独角兽"企业，10 家"瞪羚"企业，3 家新型研发机构，6 家离岸创新中心；新增加了 277 家高科技企业，总数达到了 757 家；专利申请数量达到了 3288 件，授权数量达到了 2124 件；每万人拥有的有效发明专利数量为 242 件；技术合同交易总额达到 102 亿元；高新技术产品的增加值增长了 41 个百分点；科技成果转化 240 项[1]。所有这些成果都明显地体现了大连高新区在科技创新方面的领导地位。

到 2019 年 7 月，高新技术企业数量占全市的 65%，高新技术产业产值占规模以上工业总产值的 64%，技术合同登记额占全市的 67%[2]，这些都彰显出自创区在促进高质量发展方面的重要作用。

（一）大连市高新区发展现状及产业布局

在打造"1+5"产业集群的目标上，大连市高新区保持着紧密的关注，灌注了大量的资源进去，并高强度地拓展了数字技术、智能制造、洁净能源、生命健康、智慧海洋和文化创意等新兴行业，尽最大能力优化了产业的发展环境，以推动创新的激情，全速促进自主创新区的建设。

2019 年大连市高新区的 GDP 有了 7.5% 的增长；投入固定资产的

---

① 杨丽娟. 大连高新区高标准完成自创区建设三年计划［N］. 辽宁日报，2020-03-06.

② 杨丽娟. 自创区成为大连创新发展"主引擎"［N］. 辽宁日报，2019-07-25.

金额达到 850 亿元，呈现出 18.3% 的提升；普通公共预算的收入为 328 亿元，扣除了减税降费的影响后，增幅达到 16.3%；实际吸引的外来投资和进出口的总数都有所上升，分别提升了 44.3% 和 11.98%[①]。

2016 年底至 2019 年底的 3 年间，大连市高新区的高科技公司数量激增了 233%。同期，企业研发投入对总生产值的占比也从 3.1% 上升到 4%。有效发明专利数量也有 69% 的增幅。此外，PCT 全球专利和科技合同的交易额也分别高涨了 490% 和 97%。并且，高新科技产业的产值和金融服务机构的数目也各自上升了 24.1% 和 21.1%[②]。在这期间，该区的 3 年建设行动计划已经超前并且以高效的方式实现了全部目标。

"大连理工大学人工智能大连研究院"的首个批次项目已启动并在高新区落地生根，我国自主创新的 VTS 平台首次由海大船舶导航公司实施。清洁能源企业正在迅猛发展，融科储能已经打造了储能科技研发中心以及销售总部。集成电路产业已经成功填充了之前的空缺领域，而芯冠科技已在国内外实现第三代半导体材料的产业化。华信计算机、文思海辉以及亿达信息等关键软件和信息服务公司保持了两位数的年产值增长，华为的"软件开发云"已经为本地 456 家企业提供服务，华录集团已经成为全省唯一被评为中国"文化企业 30 强"的企业。

大连市计划将云技术、数据分析、创新设计以及跨国电子商务等新兴产业作为主要的发展方向，主要构建华信云和华为云两块云计算基础设施，以及工业设计云、健康云、跨境电商云和车联网 4 个应用云平台。同时，将完成东北地区的国家级数据中心、国家"一带一路"大数据研究中心、从河口湾到黄浦路的创新文化业区、跨境电子商务产业园等 10 项关键项目的建设。截至 2019 年，通过提升云计算和大数据等新兴产业的品质和集聚程度，以期实现大的进步。为了进一步完善计算基础设施，华信云和华为云的本土用户量将突破 300 万人次。在发展应

---

①② 杨丽娟. 大连高新区高标准完成自创区建设三年计划［N］. 辽宁日报，2020 - 03 - 06.

用云平台过程中，构建工业设计云、健康云、跨境电商云和车联网云都将被列入重点。对于推进大数据产业的发展，东北地区的国家数据中心和国家"一带一路"大数据研究所的设立将被实现。在河口湾至黄浦路的创新文化产业区建设过程中，"同济创业谷"的项目将得到实施，同时将导入部分创新文化项目。

大连市计划创建一个完善的，涵盖"苗圃（众创空间）+孵化器+加速器+产业化基地"的四级企业培养模式，其产业布局如表5－2所示，以便提供逐级支持给100家处于不同成长阶段的公司，包括为70个科技型的中小微企业的培育和对10个以上的省级以上孵化机构的优化。

表5－2 大连市企业培育体系产业布局

	项目名称	承担单位
建设企业培育体系	• 四级创业孵化体系建设 • 建设创业 e 港 • 发展大连高新技术创业服务中心 • 建设专业化园区 • 实施"种苗"计划 • 实施"育龙"计划 • 实施"华腾"计划	大连高新区管委会

同时，大连市打算设立示范性的科技金融区域，用政策造就示范效应，推动金融资源进一步投向科技领域，帮助科技、金融和产业之间实现更深层次的整合，服务科技产业达150家。优化科技金融环境，建设科技金融大楼和"双创"金融小镇功能区，集中科技银行、证券、保险、创业投资、股权投资、融资担保、小额贷款、融资租赁等机构，金融机构及金融服务机构数量达到120家。进一步推动企业走向上市，提供培训和咨询服务，上市公司数量达到50家。2019年，科技金融快速发展，成为创新驱动发展的"加速器"。

大连市有效利用了"众创十二条"政策所带来的好处，全力打造

15 个国家级和 15 个省级的"云启众创",并帮助超过 200 个以科技为主导的小微企业取得稳健的发展。其众创空间产业结构布局如表 5 - 3 所示。此外,大连市拥有知识产权交易中心和知识产权维权援助中心,并且热衷于引入顶级知识产权中介服务机构,或与这些机构展开深度合作。大连市亦在积极推进"互联网 + 审批"的模式。到 2019 年,各类市场主体的创新能力将突飞猛进,形成一个充满活力的创新创业环境。继续利用"海外学子创业周"这一招募人才的工具,同时进一步推进"海创工程",激励国内外一流人才投身于创新和创业的行列。推行大连市高新区的创新创业计划,资助高等学校和科研机构的科技精英们,促使科研成果转化和转移,每年都会选出超过 50 个科研工作者的创新创业项目给予援助。通过设立人才广场和人力资源市场,提供包括人才招聘、安家福利、技能训练、职称评定等方面的全方位服务。大连市建立"青春大有"人才公寓和公租房,每年能吸引 5000 名来自各行各业的优秀人才。同时深化与高等教育机构和科研机构的策略合作,一起前往海外进行专场招聘,以开拓引进高级人才和短缺行业人才的途径。截至 2019 年,已经形成一个鼓励人才干事业、支持人才成功、帮助人才做好事业的良好社会环境。

表 5 - 3　　　　　　　　大连市建设众创空间项目及承担单位

项目名称	承担单位
• 建设大连创客空间	• 创客空间(大连)科技有限公司
• 建设创业工坊	• 大连创业工坊科技服务有限公司
• 建设创业公社	• 大连世策联商务策划咨询有限公司
• 建设东软 SOVO	• 大连东软信息学院
• 建设同创未来	• 大连同创未来科技服务有限公司
• 建设新工厂	• 新工厂(大连)服务有限公司
• 建设知你小巢	• 芝倪信息技术(大连)有限公司
• 智城信·创业空间	• 大连智城信管理咨询有限公司
• 中兴众创	• 大连中兴网信科技有限公司

项目名称	承担单位
• 中以国际创新孵化器	• 中以英华创新孵化科技服务（大连）有限公司
• 大连软件园 CO‑COSPACE	• 大连可可空间企业管理公司
• Free·创梦工厂	• 大连益诚众创空间有限公司
• 鼓豆众创空间	• 鼓豆众创空间（大连）有限公司

借助 IBM、NTT、Sony 等全球企业以及华为、中兴等国内领军公司，大连市为新锐企业的改革转型提供了机会，汇聚了推动主要产业革新发展的力量。利用"中以高技术产业合作重点区域"这个国家级的平台，借助国家创投中以基金，筑立了一个中以科技转化加速器。在 2019 年，大连已成为东北亚国际科技合作示范基地，在科技层面全方面、多层次地进行开放。

（二）大连市金普新区发展现状及产业布局

自从实施了"三年行动计划"后，金普新区在高端装备、通用航空、生物工程，以及洁净能源与储能这四大产业创新基地的建设上始终稳步推进，其产业结构布局如表 5-4 所示。包括英特尔非易失性存储器在内的众多科技项目也已成功进驻并启动执行，一批战略性的科技成果也实现了显著的突破。2019 年，金普新区企业研发投入申报 60.21 亿元，占全市近 1/3；净增国家级高新技术企业 120 家，总计达到 448 家，占全市 21%；高新技术产品增加值实现 628.2 亿元，占全市 53%；新增市级以上研发机构 25 家，总计达到 227 家，其中国家级 12 个、省级 78 个；省级备案"瞪羚"企业 21 家，占全市 54%、全省 16%①。

---

① 大连金普新区管委会. 市人大常委会视察组来新区视察［EB/OL］. 大连金普新区官网，（2020-09-22）［2024-07-02］，www.dljp.gov.cn/tz/003005/20200922/5bb7f7a7-70c6-42fb-8e20-39c0ba510f2b.html.

表 5 – 4　　　大连市金普新区 4 个产业创新基地产业结构布局

基地名称	项目名称	承接单位
通用航空产业创新基地	● 航空生产基地建设项目 ● 汇程航空铝业工程	● 大连世杰航空锻造有限公司 ● 大连汇程铝业有限公司
高端装备产业创新基地	● 智能制造装备产业建设 ● 迈艾特汽车产业化生产线建设项目	● 大连光洋科技集团有限公司 ● 迈艾特（大连）汽车制动部件有限公司
生物工程产业创新基地	● 大连晶泰医学检验所 ● 珍奥生物谷项目 ● 新建无菌粉针注射剂实验室	● 大连晶泰生物科技有限公司 ● 珍奥集团股份有限公司 ● 辉瑞制药有限公司
洁净能源与储能产业创新基地	● 全钒液流电池产业化项目 ● 中科派斯锂硫电池产业项目	● 大连融科储能装备有限公司 ● 大连派斯投资有限公司

大连市建设金普新区高阶装置、普通航空、生物科技、清洁能源及储存四大产业的创新后承基地，并推进破土光洋智能造机设备、世杰航空伪锻、珍奥生命谷、人工智能创新体、智昭像识与辨认、三代半导体原料及功效元件、云端临床诊疗和云端化疗中心、评审评定工业园等主要计划。至 2019 年，上述相关产业能力营收达到 700 亿元，新地孵化200 家规模以上骨干企业。在创新创业孵化基地建设中，与大连理工、东北财经、大连大学共同推进区域产业协同中心建设，推进生物医药、3D 打印、数字创意等专业孵化器建设。

二、大连市自主创新示范区实施政策

为推进大连市自主创新示范区（以下简称"自创区"）建设，政府主要实施了以下政策。

（一）构建遵循创新原则的政府管理体系

大连市进一步深化政务简化和权力下放，应坚守以市场为主导的原则，运用互联网思维去创新政府的管理和服务方式，对企业创新减少行政干预。应积极尝试运用负面清单管理制度，加强过程和事后监管，推动商事制度、"一体多规"等改革的深化，对于相配套的监管措施也要尽可能地完善。全面去除政府中不利于企业创新的各种政策。

改革政府对于创新投资的管理方法，坚守以科技创新和体制改革为"双重动力"，关注建立创新活动的政府支持体系、科技投入的综合联动机制、新兴产业技术的研发转化策略、知识产权的资本化交易模式、科研项目经费的管理流程、科技创新成果的评估制度等。同时建立产业、学术、研究和应用的相互促进和互动、市场资源配置与政府政策指导的有机融合、科技和金融的深度整合、创新成果的有效转化的新的流程和模式。

（二）完善科技公共投入资金体系

设立科技创新基金，其主旨是为高等学府、研究机构、新兴科研机构、商业研究开发中心提供资金，从而进行基础创新、组合创新以及吸纳再创新。促进并协助大学科研机构将科研成果商业化。提供风险赔付以对抗科技贷款的风险。对于在科技成果转化方面有突出表现的公司、科研机构、大学科研机构以及科技中介服务机构等进行表彰。决定建立一个公正而完备的基金项目的接收、审核、评估以及验收制度。搭建透明的科技基金在线管理平台并实行科技报告制度。

推动财政支持创新关键科技项目及科技基础设施的建设。重点关注大连市及创新区的主导产业，驱动一系列重要的技术革新，加速开发一批创新性的重大产品，并对成功获得国家科技关键项目和重点研发计划项目的单位补贴。积极推动持续构建国家实验室及重要的科学基础设施，并支持中国科学院等顶级科研机构在大连市设立分部和试验基地。推广研发平台、科技成果转换平台和科技全面服务平台的建设及发展。

（三）建立健全科技政策保障体系

在自创区，实施一批新的试点政策。设定了一种普惠制度，对企业的研发投入进行后续补贴。只要规模以上企业向税务部门备案，并且申报了企业所得税的优惠研发项目资金，那么市、区两级政府就会按照既定比例进行财政补贴。对于科技型的中小微企业，大连市设立了市、区两级配套的科技创新券制度。自创区的公立高校和科研院所也进行了科技成果的转化分配制度革新试点，让相应的科技人员在科技成果形成一定期限以后可以自由处置。

大连市专注于在自创区范围内传播并实施独立创新政策，坚决贯彻非公开上市股票转让、员工研修费用的税前抵扣，以及股权及红利刺激等政策。大连市亦一直积极与税务机构保持沟通，以保障各项政策如对股权奖赏的个人所得税，对创投企业限度合伙法人所取得之企业所得税，技术转移获得的企业收益税和公司资本增值股份人的个人所得税等的落实。

（四）加强对自创区建设工作的领导

大连市组织起自创区的建设架构，设立由市政府主要领导担任组长的自我创新示范区建设领导小组。按期举行小组会议，研究建设中存在的重大问题并且制定相应的举措。革新自创区的考核体系，根据国家对自创区的期望和自创区的任务来设定评估标准，全面评估自创区的发展状态。完善国有企业创新发展评价制度。加强自主创新区的建设工作宣传，营造对创新和创业有利的舆论环境。尽可能地利用国家自主创新示范区、自由贸易试验区和开放型经济新体制综合试验区等的叠加效应和协同优势，打造一系列的创新聚集区。

在发展众创空间时，大连高新区管理委员会制定了"众创十二条"政策①。

第一条　支持创新型孵化器建设。鼓励知名孵化机构、领军企业、投资机构、科研院所及高校等社会机构进驻高新区指定场地建设创新型孵化器。经认定，给予"两免一减半"的优惠政策，即第一、二年场

---

① 大连高新区管理委员会关于发展众创空间推进大众创新创业的若干意见（众创十二条）[J]. 中国高新区，2015（5）：43.

地免费、第三年 50% 的租金补贴；三年内宽带接入及使用费用全免；物业费、水电费、取暖费由进驻机构自行承担。

第二条　鼓励高新区现有投资机构、领军企业、场地业主等社会机构利用自有场地建设创新型孵化器。经认定，连续三年给予 50% 场地补贴，单个孵化器补贴不超过 1000 平方米，补贴金额不超过 30 万元。支持孵化器完善网络宽带设施，对认定的创新型孵化器在自有场地内投资建设、供在孵企业使用、带宽达到 100M 以上的宽带设施，按照其年带宽资费的 50% 标准给予补贴，补贴期限不超过三年。

第三条　各类创新型孵化器为符合条件进驻的创新创业团队（者）提供 6 个月免费工位，鼓励其开展创新创业活动；对符合条件进入预孵化期的企业，给予 1 年的房租优惠政策。

第四条　鼓励创业企业吸纳人才，发展壮大。对创业企业进驻创新型孵化器后新引进的人才给予招聘和培训经费补贴。引进外埠具有 3 年以上工作经验的人才，每人一次性补贴 5000 元。引进新毕业的大学生，每人一次性补贴 3000 元。每家企业每年补贴总额不超过 10 万元。

第五条　整合、发挥"一站式"服务功能，减少办事环节和流程，逐步推行网上申报、网上审批；放宽经营场地限制，允许"一工位一企、一工位多企"；设立大学生创业服务窗口；为小微企业纳税申报提供便利条件；加强政策咨询，提高工作效率和服务质量。

第六条　支持创新型孵化器组织非营利性质的创业路演、创业大赛、创业训练营、创业论坛等各类创业活动，给予 40% 的活动经费后补贴。每年每家资助额度不超过 50 万元，单个孵化器支持不超过三年。

第七条　鼓励中小微企业充分利用高校、科研院所及相关科技平台开展研发和科技创新活动，推行高新区科技创新券制度，向符合条件的中小微企业无偿发放"科技创新券"，企业可以持"科技创新券"向高校、科研院所及相关科技平台购买科研活动。

第八条　支持中小企业公共服务平台和服务机构建设，鼓励专业服务机构进驻高新区为初创型企业提供法律、人才、知识产权、财务、咨询、认证、技术转移及生活服务配套设施等相关服务，对经筛选进入"一站式创业服务大厅"办公的服务机构，提供免费办公工位，并根据业务开展情况，对优秀的服务机构给予 10 万元/年的奖励。

第九条　鼓励孵化器建立创业导师团队，创业导师服务满 1 年后，由服务企业或团队推荐，经考核给予孵化器每位导师 3 万元工作补贴，每家孵化器每年补贴金额不超过 30 万元。

第十条　设立高新区新兴产业发展引导资金，参股孵化器设立的天使投资基金和创业投资基金；为天使投资机构和创业投资机构投资孵化器的在孵企业（项目），给予实际投资额不超过 10% 的风险补贴，单笔补贴最高不超过 50 万元。设立科技信贷风险补偿专项资金，引导银行为创新创业企业提供信贷支持。完善中小微企业融资担保补贴政策，对于企业通过融资担保方式获得的银行贷款，给予不超过 50% 的贷款利息及担保费用补贴。

第十一条　对认定为高新区创新型孵化器给予 10 万元奖励，对认定为大连市级孵化器给予 20 万元奖励，认定为国家级孵化器奖励 50 万元，同级不同部门认定只享受一次奖励。

第十二条　鼓励孵化器培育优秀企业，对于各机构培育出的高新技术企业、软件企业和技术先进型企业，给予孵化器每家 2 万～5 万元的奖励。创新型孵化器内企业进入下一孵化阶段，并继续在高新区发展，每家毕业企业奖励 5 万元，同时奖励创新型孵化器 3 万元；进入加速器发展，每家毕业企业奖励 20 万元，同时奖励孵化器 10 万元。

第三节　沈大国家自主创新示范区绩效评估

一、绩效评价的相关理论

一是软系统方法论（SSM）：从 SSM 分析角度，任意一个组织都可以被看成一个投入产出系统。系统的存在是通过某些有目的的活动达到系统存在的价值。系统在运行后，获得产出，这些产出可能是产品，也可能是服务、信息或知识。为了达到系统目标，系统需要消耗必需资源，需要相关执行者提供必要的行动，而产生的结果也将会对周围的环境产生积极或消极的影响。因此，一个系统的总体绩效评价可以从对其实现目标运行过程和产生的结果视角开展。相应的，系统绩效评价指标的建构可转化为寻求以下三个问题答案的过程：（1）系统是否达到了预期的产出？（2）系统产出过程中资源利用是否有效？（3）产出是否对其上层系统和系统的外部环境产生了影响？在 SSM 系统分析过程中，建立根定义和概念模型是整个研究过程的核心。在建立 RD 的过程中，通过逐步定义和分析（受益人、执行者、转化过程、价值导向、环境约束）五大关键要素来综合考虑不同层面的权益人需求，及分析内部、外部环境对整个系统的投入、产出进程的影响，从而避免对于关键因素的遗漏。

二是目标管理理论（MBO）：目标管理理论（Management by Objective，MBO），是著名的美国管理专家彼得·德鲁克于 20 世纪 50 年代率先提出的。他认为，目标管理是围绕确定的目标和为实现目标而展开的一系列的管理活动。目标管理的主要逻辑步骤是对根据组织的战略目标规划，制定公司的发展目标，通过分解将公司目标分解为部门的目标，进而再将部门的目标细分到个人的岗位目标，主要包含四个阶段。首先是计划阶段：高层制定总体的战略规划和发展方向，总目标分解逐级传递，制定部门目标、员工目标。建立目标体系，明确责任。其次要组织实施：指导协调、收集信息，监督进度，纠偏。接下来，要进行检查评估：其中评估标准，程序，方法，目标的评估建立在可靠、可信的基础上。最后要对目标实施的结果进行反馈改进，共同制定下一评估期的绩效目标。

首先，目标管理的方法是将组织战略与组织执行紧密联系在了一起。另外，目标管理中需要对目标进行检验，如目标的制定必须是具体的、可衡量的、可达到的、与其他的目标具有一定的相关性以及目标必须有限定期限；其次，目标管理必须接受协调性检验，检验部门或岗位目标是否冲突制衡；再次，目标必须接受资源齐备性和全面性的检验，以了解下级目标是否大于上级；最后，要进行目标的重要性和紧迫性检验。

三是自创区发展周期理论：自创区发展周期理论在自创区绩效评价上也有应用，国内也有学者对自创区自身的生命周期和发展阶段进行了研究，其他学者们更多关注的是自创区内科技型中小企业的成长生命周期、每个阶段的特点，以此提出每个阶段自创区应该为这些科技型中小企业提供什么样的投资，政策服务等。在自创区不同发展阶段，其驱动要素不同，当其发展的驱动力从一种转化为另一种时，标志着一个阶段的结束以及下一个阶段的开始。基于发展周期理论，可将自创区主要划分为：要素驱动、产业驱动和创新驱动三个阶段。自创区在不同发展阶段，呈现出不同的发展规律和特点，因此政府应在不同的阶段所起的作用以及评价重点亦不同。

1. 要素驱动阶段

自创区在建立之初，要素驱动成为此阶段主要特点。在要素驱动阶段，政府主导型的自创区发展主要以政府提供的优惠政策等外力为主要驱动力。具体表现在：（1）政府通过财政、土地、税收、金融等方面的支持和优惠以及各种特殊发展政策，在较短时间内形成要素聚集优势和生产成本优势，从而推动自创区发展。（2）政府在对园区的科学规划、产业发展定位、硬件环境建设等方面起绝对主导作用。与此相对应，基于政府视角在要素驱动阶段对自创区的评价重点，应该包括要素资源的配备、园区基础设施与硬件环境的建设、园区长期可持续发展的政策制度方面的建设成效等。

2. 产业驱动阶段

在产业驱动阶段，自创区的主导产业逐步形成，基本形成了稳定的主导产业和具有上、中、下游结构特征的产业链，具有较好的产业支撑与配套条件。产业驱动阶段政府政策推动和企业市场竞争驱动并存。政府在此阶段主要以促进自创区产业集群的形成和获得竞争为主要目标。

在此阶段，政府或园区管委会应该致力于构建企业—大学和科研院所—政府互动的协同创新网络，并且在人才吸引、制度供给、公共产品供给、维护市场秩序及扶持中介组织等方面起到作用。在产业驱动阶段，对自创区的评价重点主要集中在产业支持与中介服务、产学研创新合作、人才吸引等方面。

3. 创新驱动阶段

在创新驱动阶段，自创区入驻企业的数量开始达到平衡，集群效益显著。随着自创区内主导产业的发展质量及其持续竞争力的提高，区内产业及其骨干企业的研发能力（R&D）大大增强，各类 R&D 中也由区外大批转移到区内，成为地区、全国甚至国际上的创新中心。在此阶段，大量风险资本的进入、原创性创新的涌现、交叉领域中创新聚集的增长点和创新文化的形成、高速的经济增长率、大量高附加价值的产出和自创区的国际化及绿色环保化趋势等成为其显著特点。在此阶段，市场力量为推动园区发展的主要力量，政府或者园区管委会更多地关注到创新环境建设方面。政府在其中所起的作用主要集中在巩固协同创新网络、支持中小企业和个人创新、建设多功能城市创新服务等方面。

从主要高科技园区评价指标体系可以看出，国际上较为成熟的自创区，例如，硅谷指数评价重点主要侧重于环境方面的评价，而国内的一些颇具规模的自创区例如中关村、国家高新区和上海开发区评价指标还主要集中于在园区的投入产出方面的评价，对于创新环境关注不多。其次，中关村指数、国家高新区评价指标体系、上海市开发区综合评价指标体系，以满足政府对高科技园区的管理为目的，评价产出指标为主。产出指标只能判断出高科技园区目前的发展状况是怎样的，缺乏对园区组织管理等方面的关注，无从知道过程中是什么因素影响了整个结果，对高科技园区的下一步改进举措指导性偏弱。绩效评价侧重点的不同也体现了自创区发展阶段的不同。所以要合理地制定自创区的绩效评价指标，一定要结合自创区的发展阶段。

二、绩效评价的指标体系

目前来说，按评价主体划分，沈大自创区的评价主要包括外部绩效评价和内部绩效评价两类。其中，外部绩效评价主要以沈大自创区综合排序性评价、辽宁省财政专项评价为主。

（一）沈大自创区外部绩效评价

1. 自创区综合排序性评价

为了进一步推进沈大自创区的"创新驱动、转型发展"，进行外部绩效评价。评价目的主要是为促进沈大自创区加快转变经济发展方式，推进产业结构转型升级，提升核心竞争力和可持续发展能力，加强对各个开发区的产业发展、资源利用、创新发展、投资环境等方面的政策支持和引导，以便各园区管委会加强对园区的精细化管理。评价内容主要包括对自创区产业发展、资源利用、创新发展和投资环境等方面进行了全面的考察调研。自创区综合评价指标体系分为：1 个综合发展指数、4 个分项指数、11 个专业指数以及 68 个单项指标构，相关指数分布如表 5 –5 所示。

表 5 –5　　　　　　　　　自创区综合评价指标体系

综合指数	分项指数	专业指数
综合发展	产业发展	经济规模，发展速度，发展质量
	资源利用	土地集约，节能减排，环境保护
	创新发展	战略性新兴产业和高新技术产业化，科技创新，创新平台
	投资环境	产业发展环境，管理服务环境

综合评价主要是建立在公开、公平、公正的基础上，使用定性和定量的方式，运用科学的评价体系及数学模型，借助专业的信息化工具，结合实地走访调研，对园区企业开展全面的考察研究。这种方式确保了

评价的基础数据真实可靠，也使得评价有着较高的公信度。综合评价工作可以每年开展一次。评价结果分为综合评价排名和单项评价排名，以全面反映自创区发展的现状和潜力、优势和不足。

2. 财政专项资金绩效评价

为加强财政支出管理，强化支出责任，建立科学、合理的财政支出绩效评价体系，提高财政资金使用效益，开展财政支出绩效评价，主要是由财政部门和预算部门进行评价。其具体评价指标如表 5 – 6 所示。

表 5 – 6　　　　　　　　财政专项资金绩效评价指标及权重

一级指标	权重	二级指标	权重
项目决策	20	战略目标适应性	10
		立项合理性	10
项目管理	20	投入管理	6
		财务管理	6
		项目实施	8
项目绩效	60	项目产出	25
		项目结果	25
		能力建设及可持续影响	10
总分			100

评价目的是探索政府资金逐步有偿使用的方式，引导社会资本投入企业科技创新，优化园区的科技创新环境，提升园区的孵化机构的科技创新服务能级和水平，以此加强企业的科技创新能力，并促进其快速发展和成长。评价内容主要从社会效益、经济效益、创新效益、科技金融服务效益和品牌效益五个方面进行评价，具体的指标包括：新增服务企业数、新增培养人才数、企业新增销售额、新增税收、新增自主知识产权数、获省部级以上科技奖项数、研发经费投入额、新增贷款数、新增社会资本投资额等指标。财政部门委托相关第三方机构进行评估统计，

通过财政专项绩效评价发现现有管理体制存在的问题，及时调整专项资金使用情况。

（二）　沈大自创区内部绩效评价

沈大自创区的内部绩效评价包括园区内部的行政服务中介评价和委托外部调查机构开展的顾客满意度评价两类。

1. 行政服务机构评价

行政服务机构主要负责园区内涉及投资项目、市场准入、行业管理等类型的行政审批、科技认定等工作；负责涉及审批和服务事项的各类报表的统计和上报等工作。行政服务机构的评价主要是为了解自创区企业对行政服务机构服务满意度的调查，对管委会行政服务中心、运营情况进行反馈和完善，以便更好地服务企业，改进政府职能服务。评价内容较多围绕着自创区行政服务机构为企业提供行政服务、咨询和审批等方面工作所开展的有关服务态度方面的评价。根据评价结果进一步提高行政服务中心的服务。

2. 顾客满意指数评价

沈大自创区可委托外部咨询机构开发和设计顾客满意指数评价。该评价主要是以调查企业总体满意度为主要目的，了解自创区的发展环境、服务环境和创新环境等各方面的满意度。主要是通过实地调研、问卷及访谈等形式进行研究评估。评估内容主要是自创区对企业提供的创新环境、服务环境等方面进行企业满意度的调查。主要是为了提高发现自创区企业的需求和问题困难，改善自创区的创新创业环境。

（三）　沈大自创区评价指标体系

指标体系共包含 5 个一级指标、15 个二级指标和 43 个三级指标，既符合沈大国家自主创新示范区的战略发展目标，有利于推动园区由产业驱动向创新驱动阶段发展，也具有现实的可行性（见表 5 - 7）。

表 5 – 7   **沈大自创区评价指标体系构成**

一级指标	二级指标	三级指标
自主创新能力	创新投入	企业研发中心数、企业 R&D 投入及其占营销收入比重
		国家级科技设施数量，承担国家重大科技专项数
	创新人才	研发人员占从业人员的比重
		本科及以上学历占从业人员比重
		留学归国人员数及学历结构
		高端人才项目入选人数
	创新创业企业	经认定的高新技术企业数及不同规模企业
		高技术企业产值占工业总产值的比重
		上市企业数及市值
		新创办的创新创业企业数及成长规模
	国际化	外商直接投资
		外资企业数量、总收入、出口额
		跨国公司地区总部及研发机构数
		外籍从业人员数
创新产出	科技产出	注册商标数
		软件著作版权数
		专利授权数
		获得国家有关科技奖励项目数
		入选市级或国家自主创新产品目录的产品数量
	成果转化	技术合同成交额
		高新技术成果转化实现产值
		新产品的销售收入占总销售收入的比重
创新创业环境	创新创业服务平台	孵化投入
		产业技术联盟数
		行业协会数
		中介机构数

续表

一级指标	二级指标	三级指标
创新创业环境	科技金融	园区内各类风险投资机构数量、投资规模
		首次公开募股融资额
		信用产品使用率
产业集群与产业发展	产业规模	园区总收入
		园区工业增加值及占全市比重
		10亿元/50亿元/100亿元/500亿元大型企业数量
	产业集群	具有国际影响力的产业集群数
		主导产业集聚度
		主导产业首位度
	产业结构	电子信息产业总收入占园区比重
		生物医药产业总收入占园区比重
		文化创意产业总收入占园区比重
		低碳环保产业总收入占园区比重
管理创新	行政服务效率	行政服务满意度、行政服务效能
	政策效果	人才政策、知识产权政策、产业政策、创业政策等效果评价
	宏观规划	产业发展规划
	信息系统建设	信用体系建设、智慧信息系统建设

第六章

长春国家自主创新示范区科技
创新协同发展的实践与创新

第一节　长春新区科技创新协同
发展的实践与创新

长春新区自 2016 年 2 月组建以来，围绕党中央、国务院关于"创新经济发展示范区、新一轮东北振兴重要引擎、图们江区域合作开发重要平台、体制机制改革先行区"的定位要求，在省市的领导下，坚持项目立区、产业兴区、科技强区、改革活区、服务优区，全力推动长春新区高质量发展，呈现快速发展的良好势头。

长春新区作为吉林省创新型建设任务重点单位，不仅是长春国家区域创新中心，长吉图国家科技成果转化示范区，也是国家自主创新示范区和国家知识产权运营重点城市；是长春"科技创新中心"和"三强市三中心"核心承载区，长春新区作为省内最优、东北一流、全国最具影响力的创新高地之一，勇担"六城联动"及"科技创新城"属地牵头单位使命[①]。

---

① 王乐怡. 长春新区：勇担国家自主创新示范区建设使命［N］. 吉林日报，2022 – 08 – 26.

截至 2020 年，长春新区实现地区生产总值达 815.0 亿元，同比增长 8.9%，从三次产业完成情况来看，第一产业同比增长 12.1%，第二产业同比增长 10.7%，第三产业同比增长 3.3%（见图 6 - 1）。新型战略产业完成产值达 327.0 亿元，同比增长 20.5%，增速高于全部工业 9.9%，占全区工业总产值的 42%；高新技术制造业共完成产值 189.2 亿元，同比增长 31.2%，增速高于全部工业 20.6%，占全区工业总产值的 24%。到 2021 年，长春新区实现地区生产总值达到 869.7 亿元，同比增长 6.5%，第一产业同比增长 0.4%，第二产业同比增长 6.3%，第三产业同比增长 7.1%。

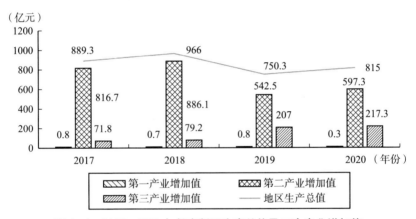

图 6 - 1　2017 ~ 2020 年长春新区生产总值及三次产业增加值

资料来源：《2021 长春统计年鉴》以及长春市政府官网。

到 2022 年，长春新区各类孵化载体发展到 54 个，高新技术企业发展到 740 户，占长春市的 1/3，占吉林省的 1/4；"专精特新"企业达 221 户，其中国家级专精特新"小巨人"企业 23 户。全区集聚以吉林大学为首、以中国科学院"一院三所"为代表的高校院所 20 余家，各类国家级研发机构 55 个、国家重点实验室 5 家、省部级重点实验室近 100 家。

一、国家知识产权强国建设试点园区

保护知识产权就是保护创新。长春新区积极实施知识产权建设工作，构建了开放创新、集聚融合、可持续的知识产权支撑产业高端发展体系，在生物医药、光电信息、航空航天等领域形成了具有较强竞争力的知识产权领军企业和产业集群，截至 2022 年 6 月底，长春新区有效发明专利 8281 件，占全市 40.28%；有效专利 21386 件，占全市 27.71%，两项指标均位居长春市首位。

截至 2023 年 4 月，长春新区的专利授权总量已达到 5604 件，其中发明专利数为 2328 件，使用新型类专利数量为 2853 件，外观设计类达到 423 件，其涉及分类领域如图 6 - 2 所示。截至 10 月长春新区已入驻企业 866 家，入驻孵化器 179 家，入驻服务机构 179 家，累计完成订单数量 25572 笔，已完成订单量 14918 笔①。

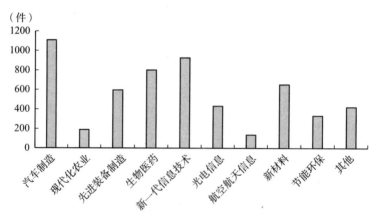

图 6 - 2 截至 2023 年 4 月长春新区知识产权分类信息

资料来源：长春新区科技创新服务平台。

① 资料来源：长春新区科技创新服务平台，http：//st. ccxq. gov. cn/。

二、长吉图国家科技成果转移转化示范区

吉林省于 2018 年 5 月以长春新区为核心建设载体，成功获批长吉图国家科技成果转移转化示范区。长春新区积极发挥"创新主引擎"作用，夯实基础创新能力，推进长吉图科技成果转化，已吸引 50 余个国家级研发机构、国家重点实验室，近 100 家省部级重点实验室落位新区[①]。为进一步推进长吉图科技成果转化，长春新区出台了各种政策，在鼓励高校科技成果转化、促进国际科技成果转移转化、支持企业加强科技成果转化应用等方面，出台了各种具有针对性的补贴政策[②]。

三、自主创新示范区核心区域

在产业布局上，长春新区依托产业基础和产品特色，聚焦以生物医药及生命健康、航空航天、光电信息为主导的三大创新产业，以汽车装备、新材料、现代农业等为代表的特色创新产业，培育创新型产业集群。在空间布局上，进一步优化自创区空间范围，强化政策先行先试和创新要素集聚，加强产业创新联动、创新主体互动、创新要素流动。

一是长春北湖科学城，围绕长春北湖科学城，加快建设"环吉大双创生态圈"；加快吉林大学综合极端条件实验装置、地理所黑土地保护与利用国家重点实验室建设；联合中国科学院"一院三所"，加快建设"环北湖科创生态圈"。

二是长春药谷，围绕建设长春药谷，联合国药集团、苏州医工所、高新股份等构建药品研发、中试、检验、生产、流通等全链条产业集群，打造全国知名的生物制药和高端疫苗集聚区。

---

① 资料来源：长春市政府官网。
② 长春新区促进长吉图科技成果转移转化示范区（核心区）发展若干政策，长新管规〔2023〕9 号。

2022 年 4 月，长春国家自主创新示范区正式获批，长春新区打造长春药谷为生物疫苗、现代中药、化药、基因工程及高端医疗器械生产研发类企业提供新的发展空间。

长春药谷总体规划建设为"一港一镇一园"（见表 6-1）。"一港"即"未来医药港"作为药谷核心引擎区，以积极融入国家战略布局为重点，在国家药械审评制度改革、未来医疗医学应用等方向，集成国家级道地药材交易、药材文化、真实世界研究中心等项目、平台及服务资源，进而重点发展生物制药、现代中药产业。"一镇"即"国际创智小镇"，重点打造适宜人才居住、就业的生态环境，以建设智慧人才社区为内核，建设医药人才创新港和双创新城，开展国际区域合作，进一步发展高端医疗器械及医药物流产业。"一园"即"绿色智慧化工新园"，依托北湖精细化工新材料产业园，将智慧园区、绿色园区作为建设理念，规划化学药品原料制造、化学药品制剂制造、合成材料制造、专用化学品制造四大功能区，建设智慧园区管理平台、中试公共服务平台和成果转化中心，为长春药谷创新智造提供支撑。

表 6-1　　　　　　　　　　　长春药谷规划布局

划分	选址	建设重点	任务	目标	重点发展产业
未来医药港	长春新区北湖科技开发区东北部	建设国家级道地药材交易中心、中药文化中心、真实世界研究中心	提高"五种能力"；建设"五大功能中心"；落实"五大发展路径"	未来 5 年，实现产业规模过千亿、聚集医药企业过千家、培育百亿级企业 2 家、引入和培育高端人才团队 100 个、实现医药研发人员过万人、开发就业岗位 5 万个以上、获得一类新药证书 10 个以上、医疗器械注册数超过千个等发展指标，打造立足吉林、辐射东北、影响东北亚的医药产业高地	生物制药、现代中药产业
国际创智小镇		建设双创新城和医药人才创新港；重点发展高端医疗器械和医药物流产业			高端医疗器械和医药物流产业
绿色智慧化工园		建设中试公共服务平台、智慧园区管理平台和成果转化中心；规划化学药品原料制造、化学药品制剂制造、专用化学品制造、合成材料制造四大功能区；重点发展化药和新材料产业			化药和新材料产业

2021 年长春新区生物医药健康产业产值达到 223 亿元，产值增长 40%，产值占全市的 80%，占全省的 30%。在"全国生物医药园区产业竞争力排行榜"中位列全国第 10 位、东北地区首位。医疗器械领域，长春新区医疗器械产业 2021 年实现规上工业产值达到 13.3 亿元，占长春市近 1/3，占吉林省超过 1/5。持有效医疗器械注册证书数量 400 多个，占长春市比重 40% 以上[①]。

作为国内最大的基因药物生产基地、亚洲最大的疫苗细胞因子产品生产基地，长春新区内 600 余家医药企业始终专注科研创新，以长春生物制品所、长春高新股份、卓谊生物、修正药业等为代表的行业领军企业多点开花，用硬核实力引领医药产业发展。中关村医疗器械产业园、华润迪瑞分子诊断和 IVD 产业园、通用技术中国医药医域总部、北京同仁堂人参产业化基地、国吉大健康产业园等 20 个项目正在全力谋划推进。生物医药产业项目的不断集聚，新区实行"链长制"，推动创新链、产业链融合的最佳例证（见图 6 - 3）。

未来五年，长春新区将努力实现长春药谷产业规模过千亿，聚集医药企业过千家，培育百亿级企业 2 家，引入和培育高端人才团队 100 个，实现医药研发人员过万人，开发就业岗位 5 万个以上，实现一类新药证书 10 个以上，医疗器械注册数超过千个等发展指标，打造立足吉林、辐射东北、影响东北亚的医药产业高地。

三是长春光谷，围绕建设长春光谷，联合光机所、长光卫星、华为，打造以卫星信息技术、光电显示、激光应用等为重点的产业集群，以关键技术升级带动产品创新，加快发展大数据、互联网等新业态，形成全领域的光电信息制造高地。

光电信息产业是吉林省实现振兴的战略性新兴产业，也是长春新区重点打造的主导产业之一，在光电信息领域，长春新区有着先天优势和后发潜力，在激光、光学成像、智能制造、半导体等领域集聚了一批具

---

① 乔砚. 推进长春国家自主创新示范区建设——长春新区高标准打造"长春药谷"［N］. 长春日报，2022 – 07 – 15.

备比较优势企业。

图 6 – 3　长春药谷产业布局

资料来源：长春新区管理委员会官网。

　　长春新区目前拥有光电子产业相关园区和平台载体 8 个，其中，作为由省政府、市政府、长春新区联合长春光机所共建的首家光电子产业专业孵化器——吉林省光电子产业孵化器，是省内唯一国家级 A 类科技企业孵化器，累计孵化企业 150 余家，目前在孵企业 66 家，入驻率达到 100%。"十三五"期间，累计实现销售收入 50 亿元，为社会提供就业岗位 4000 余个。截至 2023 年，长春新区各光电信息产业平台和载体已集聚"新三板"上市企业3家，自主知识产权、专利300多项，汇聚了28个行业高、精、尖科技成果，引进了奥来德、希达电子、光华微电子、禹衡光学、永利激光、光华科技等18个细分行业"头部"企业（见图6-4）。

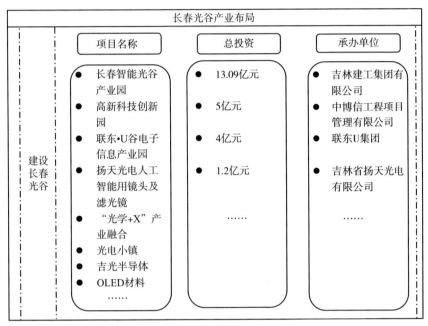

图6-4　长春光谷产业布局

资料来源：长春市人民政府官网。

长春新区正积极构建光电信息、软件及服务、大数据三大优势产业链，打造东北领先的光电信息产业中心，到2025年，力争实现产业规模500亿元[①]。

四是新材料基地，围绕建设"新材料基地"，依托长春精细化工新材料产业示范园，大力引进中化集团、海谱润斯、奥来德等项目，重点发展光电材料、发光材料、化学仿制药原料等功能性材料，承接应化

———————

① 资料来源：长春新区管理委员会官网。

所、吉林大学及国内相关化工院所研发成果,打造立足吉林、辐射东北的新材料产业基地。

五是现代服务业高地,围绕建设"现代服务业高地",大力发展产业融合型、数字赋能型服务业,紧扣数字经济、人工智能等新发展领域,开发应用场景,培育和引进重点企业。全力推进长春智慧法务区建设,加快引进落位法律功能单位、法律服务业机构、智慧法务创新企业,到2022年底基本具备国家法务功能承载能力和区域法律服务功能。建立科技型企业梯度培育体系,力争"专精特新"企业达210户以上,推动长光卫星、海谱润斯、嘉诚信息等企业上市。积极引育"双创"人才,高标准建设长春国家人才创新港,增强新区活力和人才吸引力。不断优化营商环境,把新区建设成为人才充分涌动、创新创业活力迸发的科创之区。

四、长春高新技术产业开发区政策覆盖区

以长春高新区、长春净月高新区为核心区,长春新区作为政策覆盖区,长春市各类国家级园区作为建设辐射区,长春统筹编制发展规划纲要,在各级国土空间规划的统筹指导下,优化各类园区空间布局。

1991年长春高新技术产业开发区成为国务院批准建立的首批国家级高新区之一,长春高新技术产业开发区已经逐步形成了生物与医药、光电技术、先进制造技术、信息技术、新材料五大主导产业和一区多园的产业化发展格局。2016年2月,国务院依托长春高新区批复设立长春新区,长春高新技术产业开发区成为长春新区的四大板块之一。

长春高新技术产业开发区重点项目分布如表6-2所示。

表6-2   长春高新技术产业开发区重点项目分布

重点项目名称	总投资	承办单位	预计产值
● 硅谷未来城项目	40亿元	大众卓越控股集团	40亿元

重点项目名称	总投资	承办单位	预计产值
• 长春·益田假日天地项目	3 亿元	益田集团	2 亿元
• 吉林省安全生产检测检验股份有限公司第三方检测检验机构项目	2 亿元	吉林省安全生产检测检验股份有限公司	2 亿 ~ 3 亿元
• 集美数字技术产业基地项目	2.11 亿元	集美档案管理有限公司	2 亿元
• 西安高科 IT 产业园项目	50 亿元	西安高科集团有限公司	120 亿元
• 开漫科技产业园项目	3.5 亿元	吉林开漫科技有限公司	5 亿元
• 百克生物疫苗产业园项目	13 亿元	长春百克生物科技股份公司	14.5 亿 ~ 17.5 亿元
• 海悦药业产业园项目	20 亿元	长春海悦药业股份有限公司	50 亿元
• 创投高新医药产业园项目	1.3 亿元	长春创投建设有限公司	4 亿元
• 圣博玛生物医用材料和医疗器械研发与产业化项目	13.43 亿元	长春圣博玛生物材料有限公司	50 亿元
• 中巴跨境电商产业小镇项目	5 亿元	中国（巴西）投资开发贸易中心	0.8 亿元
• 恒通机电模具工厂项目	2 亿元	吉林省恒通机电设备有限责任公司	5 亿元
• 李尔扩能及生产配套项目	3 亿元	长春一汽富晟李尔汽车电器电子有限公司	6 亿元
• 长春西诺生物科技有限公司宠物生物制品研发与产业化项目	7.4 亿元	长春西诺生物科技有限公司	5 亿元
• 东卓电子智能制造基地项目	1.7 亿元	长春市高新东卓汽车电子有限公司	2 亿元
• 金赛药业国际医药产业园项目	18.11 亿元	长春金赛药业股份有限公司	97 亿元
• 海外医药研发生产基地项目	12 亿元	长春海外制药集团有限公司	30 亿元
• 嘉诚信息研发总部项目	2 亿元	嘉诚信息技术股份有限公司	6 亿元
• 新能源汽车零部件项目	6.35 亿元	富奥翰昂汽车零部件（长春）有限公司	12 亿元
• 红旗车型装备能力提升项目	4.9 亿元	一汽轿车股份有限公司	—

重点项目名称	总投资	承办单位	预计产值
• 科英激光生产基地建设项目	1.4亿元	吉林省科英激光股份有限公司	1.2亿元
• 登泰克牙科材料新建厂房项目	1.2亿元	吉林省登泰克牙科材料有限公司	1.1亿元
• 裕康医药产业园项目	1.3亿元	吉林省裕康药业集团有限责任公司	2亿元
• 富晟李尔电子部件及线束生产线项目	2.4亿元	长春一汽富晟李尔汽车电器电子有限公司	18亿元
• 捷翼汽车整车线束项目	2.6亿元	长春捷翼汽车零部件有限公司	12亿元
• 一汽富晟库博零部件厂房建设项目	3.5亿元	富晟库博标准汽车系统（长春）有限公司	12亿元
• 一汽富晟智能产业园项目	1.8亿元	长春一汽富晟科技发展有限公司	20亿元
• 金仑差速器壳体生产线项目	1.1亿元	吉林省金仑机电设备集团有限公司	—
• 金赛生长激素项目	6.4亿元	长春金赛药业股份有限公司	30亿元
• 汇维科技智能化生产线项目	1.3亿元	长春汇维科技股份有限公司	6亿元
• 天恒水务自控设备生产项目	1.2亿元	吉林省天恒水务工程有限公司	3亿元
• 长春检验检测产业园三期项目	4.5亿元	修正药业集团股份有限公司	15亿元
• 长春瑞城综合服务大厦项目	1亿元	长春瑞城汽车销售服务有限公司	—
• 居然之家商业Mall及居然家园项目	35亿元	长春居然之家商业房地产开发有限公司	—
• 海容广场写字楼B座项目	10.5亿元	长春高新房地产开发有限责任公司	—
• 长春海容酒店项目	10亿元	长春高新房地产开发有限责任公司	—
• "阳光硅谷"商业综合体项目	3.3亿元	吉林海联实业有限公司	—
• 卓洋文创中心项目	2.6亿元	长春卓洋房地产开发有限公司	—
• 吉林省第二人民医院项目	9.6亿元	吉林省肿瘤医院	—

续表

重点项目名称	总投资	承办单位	预计产值
● 通源医院二期项目	7亿元	长春通源医院	—
● 国健高新妇产医院项目	4.5亿元	吉林国健高新妇产医院有限公司	—
● 慧谷学校超强校区项目	1.6亿元	长春高新技术产业开发区管理委员会	—

资料来源：长春高新技术产业开发区官网。

长春高新技术产业开发区产业结构分布如表6-3所示。

表6-3　　　　　　　长春高新技术产业开发区产业结构布局

汽车及零部件产业	生物医药健康产业	光电子产业	现代服务业	新材料新能源产业
长春住电汽车线束有限公司	长春先盈医疗科技有限公司	长春博信光电子有限公司	长春中际互频电子科技有限公司	长春中科应化特种材料有限公司
长春越洋汽车零部件有限公司	长春圣博玛生物材料有限公司	长春希达电子技术有限公司	吉林省中顺网络科技有限公司	长春凯密特尔化学品有限公司
长春英利汽车工业有限公司	长春祈健生物制品有限公司	长春禹衡光学有限公司	长春德信光电技术有限公司	长春安冶油品有限公司
长春一汽延锋伟世通电子有限公司	长春普华制药股份有限公司	长春维鸿东光电子器材有限公司	长春光华科技发展有限公司	三星（长春）动力电池有限公司
长春一汽四环李尔汽车电器电子有限公司	长春雷允上药业有限公司	吉大正元信息技术股份有限公司	长春吉联科技集团有限公司	吉林新航能源有限公司
长春一汽四环金仑汽车零部件有限公司	长春海悦药业股份有限公司	长春新产业光电技术有限公司	长春瑞隆达电子技术有限公司	吉林省登泰克牙科材料有限公司
长春一汽富维东阳汽车塑料零部件有限公司	吉林天药本草堂制药有限公司	东北易华录信息技术有限公司		吉林省凯禹电化学储能技术发展有限公司

续表

汽车及零部件产业	生物医药健康产业	光电子产业	现代服务业	新材料新能源产业
长春一汽富维东阳汽车塑料零部件有限公司	吉林省中研药业有限公司	长春肯高图丽光学有限公司		吉林宏日新能源股份有限公司
长春一汽富晟长泰汽车塑料制品有限公司	吉林省中科生物工程股份有限公司	长春安冶油品有限公司		长春高琦聚酰亚胺材料有限公司
长春一汽宝友钢材加工配送有限公司	吉林省长源药业有限公司	吉林奥来德光电材料股份有限公司		吉林吉长能源有限公司
长春一汽鞍钢钢材加工配送有限公司	国药控股吉林有限公司	长春三峰光电仪器制造有限公司		
	……			

资料来源：长春高新技术产业开发区官网。

近年来长春新区二、三产业发展趋势如图 6-5 所示。

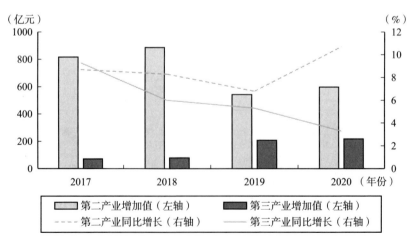

图 6-5　2017~2020 年第二、三产业发展趋势图

资料来源：2018~2022 年历年《长春统计年鉴》。

在孵化载体方面，截至 2023 年，长春新区已有 530 家双创企业，其中北湖开发区 196 家，高新技术开发区 334 家；58 家孵化载体，其中国家级孵化载体有 10 家，省级孵化载体 19 家；公共技术平台 387 个，其中，生物医药类技术平台 69 个，电子信息类技术平台 301 个，新经济技术平台 17 个；在孵企业已达到 539 家。

2023 年长春新区在孵企业行业分类情况如图 6 - 6 所示。

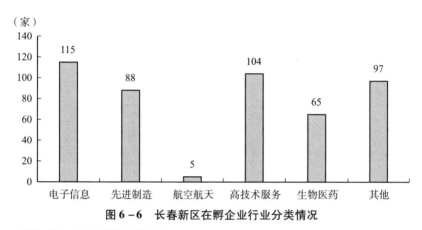

图 6 - 6 长春新区在孵企业行业分类情况

资料来源：长春新区科技局官网。

第二节 长春净月高新技术产业开发区科技创新协同发展的实践与创新

一、长春净月高新技术产业开发区现有政策评价

长春市净月区根据长春市委关于"三强市、三中心""六城联动""十大工程"等系列的工作部署，结合城市范围内独特的自然环境和旅游资源优势，构建以现代服务业和高新技术产业为主导的产业格局，大力发展"影视文创、文化旅游、数字经济"三大主导产业，积极发展

"生命健康、科教研发、生态低碳、金融商务、智能制造"五大战略支撑产业。在三大主导产业的带动下，净月区全域联动，以影视产业核心区、数字经济核心区和科创谷核心区为三大发展核，构建"雏鹰企业，高新技术企业，瞪羚企业，独角兽企业"的梯度培育体系，充分发挥净月区在"六城联动"中"一核、五区"的核心职能，通过国家自主创新示范区的建设推动长春市经济高质量发展。

依托独特的资源禀赋，净月区在《长春净月高新技术产业开发区国民经济和社会发展第十四个五年规划》中制定了一系列发展目标。在影视文创产业领域，构建数字影视全产业链，打造泛文化娱乐生态圈，并将建设 7 平方公里影视产业核心区和高标准六大基地；围绕丰富的旅游资源加快发展区域内旅游产业，建设成为国家旅游示范区，构筑"吃住行游购学娱养"为一体的旅游生态圈，打造"全景、全业、全时、全民"的全域旅游产业发展格局，规划形成"三带、一环"的全域旅游空间布局；在数字经济产业领域，打造具有创新特色的净月"数谷"，建设数字产业核心区，打造三大基地、三大中心推动数字产业高质量创新发展。除了发展三大主导产业外，净月区还大力发展生命健康产业同时提升配套产业，通过构筑生命健康产业体系，打造国际生命健康智云服务示范高地，全力打造科创谷、净月—双阳智能制造产业合作基地，努力构建起极具特色的生命健康产业链。通过提升"智能制造、科教研发、金融商务、生态经济"产业水平，助力主导产业优质高效发展，加快形成互助互促产业发展新格局。

近年来，净月区大力发展高新技术和数字经济。全域已建立企业研发平台 35 家并初步建成 52 个产业园区、万人发明专利的授权数达到 15件、2021 年社会研发经费支出增至 21.28 亿元，为区域内高新技术企业发展奠定了坚实基础；"十二五"末期至今，净月区内高新技术企业数量呈现爆发式增长，新认定国家高新技术企业 131 家，总数达到 333家，省级、市级科技型小巨人企业分别达到 46 家和 83 家。截至 2021年底，高新技术产业增加值已突破百亿元大关，地区生产总值占比达到24%。同时服务业收入 5 年年均增速达到 10.4%，地区生产总值占比持续高于80%，标志着服务业已成为净月区支柱产业。在金融领域，区域内共计有139家各类金融机构、各机构注册资本总计达到300亿元。而在数字经济领域，已建成4.2万平方米数字产业园起步区。目前产业园内已吸引数字经济相关企业2500家，京东、神州数码、安恒信息等17家龙头企业相继入驻，数字展示中心和公共会议服务中心已正式开放。园区内数字经济企业整体产值达到130亿元，在长春市数字经济产值中占比约15%。[①]

净月区拥有优质的人才资源和完善的企业孵化机制并出台了一系列服务人才的政策措施。域内汇集了15所高等院校，在校大学生数量为20万人，占全市的42.7%、全省的36.3%；全区共建38家孵化载体，总面积达到32万平方米。其中省级以上孵化载体14个，累计孵化企业超1100家，在孵企业645家，2021年全区在孵企业实现营业收入23.7亿元，同比增长56.9%；建成国家级研发服务平台12个、省部级研发服务平台147个、市级以上重点科研机构9个，企业研发平台35个，拥有一线科研人员近4万人。丰富的人才储备和高新技术企业的不断涌现，为净月区的创新发展打下了坚实基础，也为长春市经济高质量发展注入活力。[②]

长春净月高新技术产业开发区围绕三大主导产业布局，建设算力中心、数据中心以吸引网易、华为等数字经济头部企业入驻净月数字经济产业园区；与天津安捷物联科技股份有限公司、思爱普公司谋划布局"双碳"交易中心；截至2022年2月，与长春理工大学、中国科学院东北地理与农业生态研究所等高校和研究院所进行学术合作，成立长春生命健康产业研究院、吉林省中科特殊食品创新研究院两所创新研发机构。净月科创谷落地医用高分子材料、激光与光电医疗健康、特色医药健康产业园等项目。在落实重点项目的同时，加快构筑"两轴一带六区"的产业空间布局结构，规划生态大街影视文创发展轴和聚业大街科教创新发展轴，建设山水林生命休闲康旅产业带，全力打造商务金融、

---

①② 资料来源：长春净月高新技术产业开发区官网介绍以及五公开专栏。

科教文化、数字经济、影视产业、生命健康科创研发、新湖高科技产业6大产业园区，推动自创区有序建设。

净月自创区将经济发展重点放在"影视文创、文化旅游、数字经济"三大产业上，同时大力发展现代农业、生命健康产业。影视文创产业主要在生态大街沿文化创意发展轴进行布局，从南向北分别建设影视文化产业核心区、文化创意产业核心引爆区、文创特色消费区，打造三大影视文创产业集聚区。文旅产业主要布局在山水林生命休闲康旅产业带，以一带为中心，创建 U 型山水林文化创意衍生功能带，重点打造伊通河滨水文创产业区、高端文旅衍生服务区、林园经济文创功能区、友好村田园文创体验区、运动文创旅游服务功能区五大文旅服务功能区。数字经济产业发展从突出"数字文"，数智赋能"全域旅游 + 文化创意"；做强"数字车"，打造"智能网联研发生产基地 + 无人驾驶示范园区—街区"场景联动；做优"数字光"，搭建"天—空—地"一体化信息技术全国应用推广平台；推进"数字农"，实现"智慧农业"全域覆盖、全国推广；布局"数字康"，构筑"智慧康养"净月全网格服务体系这五大方面进行推进。现代农业产业则根据净月区内丰富的农业科研资源，结合净月区内专业高校和农业科研院所聚集、自然资源丰富和处于城市边缘的地理位置等优势，大力发展现代农业、休闲观光农业和研学体验农业，走城乡融合、三产业融合发展的新型农业发展之路。通过和高校院所合作进行农业创新产品研制的同时，落实好农业改革政策实施并创新各项体制机制、推进"三产融合"产业项目谋划落位、扶持和培育本土农业龙头企业、落实好乡村建设项目进行。

（一）影视产业核心区建设

影视产业是净月自创区三大发展核之一，也是高新区促进区域内服务业向高质量发展转型，打造长春国际文旅创意城的一个重要部分。核心区目标是建设世界级影视文化产业基地、构建数字影视全产业链、打造泛文化娱乐生态圈，高标准建设影视拍摄、数字影视、影视教育、影视文旅、影视孵化、影视总部六大基地。影视拍摄基地占地 100 公顷，将建设国际一流大型或超大型摄影棚，可一站式实现化妆、服装、拍摄、道具、置景、外景地、影视旅游等功能；数字影视基地计划占地75公顷，计划建成全球影视发行中心、影视制作中心、大数据中心等功能中心；影视教育基地占地78公顷，汇聚吉林艺术学院、吉林动画学院等艺术类院校，创新影视产学研联盟，打造成培养全球影视人才的新时代教育中心；影视文旅基地占地82公顷，建设长春国际电影节主会场金色大厅、文旅综合体、度假酒店群、影视主题商街等影视娱乐场所，将此区域打造成国际时尚高地，预计建成后将吸引千万级旅游人口；影视孵化基地占地70公顷，其中主要搭建资本扶持、商机对接等综合服务平台，为孵化影视产业企业提供良好的融资环境，创造拥有活力的影视创新创业生态圈，提供创客中心、电影工坊等影视创意空间；影视总部基地占地100公顷，引入影视行业头部企业，打造吸引全球知名影视企业资源汇聚的核心区，建设传承历史、创新未来的高质量影视总部聚集区。在六大基地全部建成后，净月区内将拥有千亿级影视产业生态圈①。

影视核心区重点建设"长春国际影都"项目，即建设长春国际影视基地，内规划有影视产业园、文旅综合城、酒店群、影视外景地等，由现代化摄影棚、酒店群、文旅综合体及配套商业、住宅等组成，建成后将形成影视文旅全产业链，目前是国内规模最大的影视文旅项目。基地还引进吉林艺术学院等高校，充分发挥学校在影视文创领域的优势；邀请国内知名影视创作公司及影视相关企业入驻，逐渐形成产业集聚效应，同时进行影视艺术创作、影视文化市集、影视作品展览、艺术家文化创意沙龙等多种影视文创产业示范项目。基地建成后会充分发挥其引领和集聚作用，形成集影视拍摄、后期制作、产品交易、展会打造等多种功能于一体的影视文旅全产业链以及影视文旅产业相互促进的发展模式。

---

① 资料来源：长春净月高新技术产业开发区官网新闻《长春国际影都核心区何以实现加速发展》。

（二）科创谷核心区建设

位于净月自创区南部的科创谷作为全力打造的六大产业园区之一，发展重点集中于高新科技产业和高端技术，其重点项目如表6-4所示，已成为净月国家自主创新示范区建设和创新发展的强劲动力。科创谷将"一岛四中心"作为核心区发展定位。"一岛四中心"即院士岛，国际医学中心、未来农业创新中心、智能光电创新中心、双碳经济示范中心。其中院士岛建成后将吸引两院院士、国内外知名专家学者等高层次科研人才聚集，通过提供系统的政策服务保障、创造专业的人才交流场景、打造良好的研发创新环境，实施科研大数据平台建设和院士研究社区等项目，将院士岛区域建设成高端人才特区和智创示范基地。

表6-4 长春净月高新区科创谷重点项目

项目主体	项目名称	科研单位
长春芯光产业园	光谱芯片及光谱大数据 特种相机研制与生产 半导体激光器设计制造与封装 COMS传感器应用模组与系统 微创手术导航医疗设备 大气光传输应用 柔性线束机器人 光电领域医用内窥镜 系统仿真及数字影视制作 保护性耕作装置 精密微加工装置 碳纤维复合材料激光3D打印装置	长春理工大学 吉林省大数据科学与工程联合重点实验室 吉林省空间光电技术工程中心 吉林省半导体激光技术工程研究中心 吉林省医学影像计算重点实验室 吉林省生物检测工程实验室 吉林省光电检测装备工程研究室
长春生命健康产业研究院	创新型生物医药产业 智能康复设备及大健康产品产业 现代农业产业 智慧医疗（医疗信息化）产业 中医药及健康食品产业 医疗服务产业 老年医疗和家用健康装备联盟筹备委员会 开展临床科研合作及CRO合作 建设国际技术转移分中心 打造互联网+医疗健康服务平台	长春生命健康产业研究院 生物新材料研发中心及公共服务平台 先进成像与生物医药应用研究联合实验室 肿瘤精准医学研究中心 营养导向型农业研究中心 中医中药创新及转化平台 智慧医疗及智能康复公共技术服务平台

项目主体	项目名称	科研单位
吉林省中科特殊食品创新研究院	保健食品开发 肠道微生态膳食补充剂 膳食纤维产业化 人参核桃复配改善记忆力产品 沙葱玉木耳饼干等即食产品 建立生物发酵平台、分离提取平台	吉林省中科特殊食品创新研究院 长春中医药大学 吉林省农科院 中国科学院烟台海岸带研究所 吉林农业大学 中国科学院地理所

同时，科创谷重点打造产业高精尖人才聚集区、原始创新研发引领区、产业创新发展示范区、创新综合服务协同区及绿色人文生态体验区。规划出不同的功能区域，更好地发挥产业集聚的效果。

产业高精尖人才聚集区主要为顶尖人才、高端团队提供生活和创业保障，以此吸引全国各地优秀人才在净月区进行创新创业。创建科研院士落户聚集群组，规划建设科创谷科研院士聚集区域；为科学家、院士、行业领军人才等专家团队打造优秀人才创新中心，定制化建设开展高水平学术研究的专业实验场所，承担研发办公、技术转移、产学研合作、人才培养等功能；打造产业人才培养孵化综合平台，围绕国家科研平台建设、重大科研项目承接、高层次教师团队引进等方面，全面提升科创谷科技创新能力和人才培养能力；完善高层次人才引育配套服务供给，制订实施专项人才计划，通过建设大装置、大院所、大平台，落实大项目，引进大企业吸引优秀人才定居，为高层次人才团队定制化打造科研实验室并提供配套相关软硬件支持。

为实现提高重点产业基础创新能力、自主研发优质产品的目标，原创研发引领区计划建设一批产业创新融合研究平台，包括发布技术成果和相关数据的高端分布式大数据云平台、拥有智能医疗等多领域的协同创新平台等。净月区将探索发展区域创新合作生态体系，发挥区域内创新比较优势，吸引智能制造、新型农业、能源环保、数字经济等领域的领军企业研发总部入驻科创谷。支持大型支柱企业与高校院所合作组建新型研发机构，集合社会多方资源建成"应用研究—技术开发—产业化应用—企业孵化"一体化的高新科技创新产业链。

产业创新发展示范区创新发展"五纵"产业，完善"三横"产业服务体系。"五纵"产业主要围绕智能制造、能源环保、光电信息、科技农业、医养健康五大领域。"三横"产业主要围绕科技服务、数字经济、城市服务三个方面。强调新兴产业在构建活力双创生态体系中的推动作用，引进一批数字经济、智慧城市等领域的领军企业并提供基础设施、市场、资金等资源。加快培育和推广创新型产业主体，利用园区内各孵化平台和资源储备，完善不同领域产业差异化孵化链条，推动园区内高新技术企业向"专精特新"方向发展，为高新技术企业进行关键技术研发提供支持。

创新综合服务协同区聚焦创新创业配套各项服务，统筹全区创新服务项目。通过加快建设专业孵化平台、引进知名孵化服务机构提升区域内孵化能力，完善"投资＋孵化"全链条服务，进一步优化创新创业孵化服务模式，为高新区发掘一批有产业化潜力的科研项目。为科研项目提供优质金融服务，与本地各大银行、金融机构合作建设金融服务平台，为企业和金融服务提供者进行产品展示、融资对接、信用信息等服务，健全科技金融服务体系，营造高质高效型产业金融环境。同时促进科研成果应用转化，建设研发成果转化中介体系、建立技术转移转化中心，使科研成果与产业深度融合。该区域将充分发挥科技服务业对创新企业和高新技术产业的支撑作用，构建高效活跃的创新创业服务体系。

绿色人文生态体验区围绕长春创建国家级碳达峰碳中和示范区总目标，推动生态经济产业发展，充分发挥区域内生态环境优势，建设多功能生态网络体系。

在科创谷已签约项目中，长春芯光产业园、长春生命健康产业研究院、吉林省中科特殊食品创新研究院是目前发展较为完善的重点项目。长春芯光产业园由长春净月自创区与长春理工大学共建，实现了区域国家级大学科技园零的突破。其建设重心为光电类智能感知技术领域，充分发挥长春理工大学的科研优势和高新区的政策优势以及区域内产业集聚优势进行优势互补，引进长春理工大学"特种电影技术及装备国家地方联合工程研究中心""空间光电技术国家地方联合工程研究中心"和"精密制造及检测技术国家地方联合工程实验室"3个国家级科研平台以及吉林省6个省级科研平台。并在园区内建设光电领域专业孵化器，将长春理工大学优秀创新成果和光电产业新生企业引入孵化。长春芯光产业园预计在2~3年内可以建成完备的智能感知产业链，形成一定规模的产业集群；在5年内建成智能感知应用产业生态圈，形成智能感知技术高地和产业集聚地。长春生命健康产业研究院围绕生命健康产业进行基础研究和技术应用研究，同时提供各类研发服务，在研究中侧重于生命健康产业实用技术研究。在政府支持下建设生命健康产业生态链及产业聚集区，搭建生命健康领域公共技术服务平台，孵化生命健康产业领头企业。目前，已有吉林省诚达健康科技有限公司、吉林埃培智明生物科技有限公司、吉林万方百奥生物科技有限公司等6家在孵企业进入发展上升期。吉林省中科特殊食品创新研究院已与中国科学院东北地理与农业生态研究所等5家中国科学院单位、吉林省农业科学院农产品加工研究所等4家科研机构、江南大学等6所高校建立了常态化合作机制。在进行食品研发的同时和区域内农业企业形成互联互通，发展出一条完整的食品产业链，为现代农业发展提供产业延伸。未来，重点将进行研发及中试平台建设，一期平台计划建设生物发酵平台，二期平台计划建设检测平台，三期平台预计建设功能评价平台。在平台建立完成后，将着重于提升技术能力，开发新型产品和强化食品品牌建设。

除已签约项目外，筹划在谈有生物医用高分子材料与器械创新中心、黑土地研究所、东北亚中医研究院、国家中药质量检测（北方）中心等项目。落户于科创谷的企业中长春慧程科技有限公司和长春新牧科技有限公司较为突出和具有代表性。长春慧程科技有限公司主要生产制造端工业软件产品，在"自主可控、国产替代"的工业软件产品现场适配、迭代开发，以及"整车厂车序自适应管控创新"等前沿技术攻关方面都取得了极大的进展。以一汽集团为代表的汽车产业作为长春的支柱产业，其中的汽车制造企业和零部件制造企业是东北经济发展的重要支撑。科创谷紧跟长春汽车产业发展，致力于传统汽车行业的创新发展。在现代农业方面，已经落户的长春新牧科技有限公司拥有目前全国最大的加系西门塔尔种源基地，也是全国较大规模的肉种牛冻精生产基地。并与高校、科研院所合作成立"国家油菜工程技术研究中心吉林省饲用油菜综合利用示范基地"和"吉林省肉牛大数据选种选育研发中心"，已经累计获得一项吉林省科学技术进步二等奖、多项三等奖，拥有30余项软件著作权，10项实用新型专利。更多具有创新实力的企业正逐渐被高新区所吸引，成为净月区甚至长春市发展的中坚力量。

（三）数字经济核心区建设

在净月自创区发展的三大主导产业中，数字经济是如今发展最为迅速的产业，数字经济核心产业增加值占全区生产总值比重已达到30%，数字经济产业园在高新区的"十园"中也处于重要地位，其产业结构布局如表6-5所示。净月自创区将数字经济产业园打造成"全市数字经济发展核心区、全省数字经济产业集聚区、东北数字经济创新增长极"作为目标，力争到2025年，全区数字经济主营业务收入突破400亿元。在起步区已有华为、京东、网易、神州数码、因特睿、安恒信息、苏州布瑞克、东数科技、知行物联网、吉林云耕等20多家数字经济行业知名企业和服务机构签约。区域内共有6个已建和在建大数据中心，预计拥有28295个机柜，占全市机柜数量的82%，其中已建机柜数量为2650个①。

表6-5　　　　　　　　数字经济产业园产业结构布局

产业布局	发展重点	入驻企业
汽车产业	智能网联、无人驾驶等数字技术与汽车产业深度融合	大陆电子、启明信息、微思科技等企业
影视产业	促进数字技术影视全产业链应用，以数字化孕育泛影视产业升级	吉视传媒、吉广传媒、万达影都、5G影视基地、山丘文化产业园等

---

① 资料来源：《长春净月高新技术产业开发区国民经济和社会发展第十四个五年规划》和长春净月高新技术产业开发区官网《净月·一起向未来》系列报道。

产业布局	发展重点	入驻企业
光电产业	重点培育光电信息与光谱芯片产业	通视光电、求是光谱等
现代农业	完备农业大数据产业生态体系，以数字化推动农业全产业链变革，深耕拓展数字农业、数字乡村建设	吉农云、吉牛云、豆业云
城市治理	城市大脑、孪生城市建设，谋划对接疫情防控、环境保护、应急管理、森防安全等	吉林祥云、吉祥码、东数科技、城市智能体等

（四）孵化器建设

建设孵化基地既需要积极引进知名孵化器也需要打造出有代表性的本土孵化器。为吸引品牌孵化器入驻净月区，高新区与天津经开区合作共同建设了津长双创服务中心。在津长双创服务中心落户的众多品牌孵化器中，榴莲咖啡众创空间是综合服务型众创空间中较为知名的一个，曾先后被科技部认定为"国家级众创空间"。综合服务型众创空间整合多种功能，除发挥孵化器基本功能为创业企业提供数字经济、智能制造、电子商务、金融贸易等领域的丰富资源外，还能够组织沙龙、比赛、训练营等多种形式的活动，为创业者提供相对更低成本的创新创业环境、更正式的经验交流场所、更优质的人际关系资源。阿里云创新中心是津长双创服务中心的另一家专业品牌孵化器，主要服务新型信息技术产业、能源环保产业、智能制造产业、智慧农业、电力装备产业、生物医药及高性能医疗器械产业等领域的初创科研企业，已有40多家初创科研企业成功入驻。在引进知名孵化机构的同时，净月区还计划打造本土的品牌孵化器，其中众创大厦将作为重点项目推进。目前，众创大厦已引进了易迈财务、卓达科技、吉林正泰、五道口投资咨询、吉大专利事务所、常春律师事务所6家服务机构；北京并购众创空间、融投医创孵化平台、吉林省电子商务产业园、微软创新中心、黑马会5家科技服务平台；并购咖啡众创空间、融投医创空间、Easy创客营3家创业平台。净月区内还建有吉林省团委下属的创业园区孵化基地"吉林省青年创业园"，该园区主要以数字经济企业为主，包含互联网、软件开发、网红经济等产业。目前在孵 91 户企业，是建有"众创、孵化、加速"孵化全链条的创业园区。

除上述孵化基地外，净月自创区内还建有数字经济产业园孵化基地、制造业创新中心、影视孵化基地、玖壹咖啡国家级众创空间、阿里云创新中心·长春基地、净月自创区创业服务中心、吉广国家广告示范园等孵化载体。目前，净月自创区已经构建起包括本土孵化器、引进孵化器、加速器等多种类型、较为完善的"创业苗圃＋孵化器＋加速器"全链条孵化体系，区域内孵化载体已发展到一定规模。在孵化广度上，为形成覆盖企业各个发展阶段的孵化体系，构建"众创空间—孵化器—加速器"的全周期孵化业态。在孵化深度上，以打造专业化孵化器为重点，提升各孵化平台服务能力，提供更高质量的孵化服务。

长春净月区在新兴产业发展上注重和专业机构、高校院所进行合作。净月区与长春理工大学、中科吉林科技产业创新平台、诺尔曼医学中心等高校院所、专业机构合作共建新型研发机构。围绕三大主导产业，将创新研发重点集中在生物新材料、光谱芯片、CMOS 传感器等领域并取得技术成果，通过吸引优质人才和孵化优质项目带动相关产业形成完整的产业链，在区域内进行规模化发展。目前，已有包括吉林万方百奥生物科技有限公司、吉林埃培智明生物科技有限公司、长春纳川科技发展有限公司等多家企业实现孵化。

二、长春净月自主创新示范区现有政策总结

在推进长春净月国家自主创新示范区建设和发展过程中，政府主要实施了以下政策。

（一）加强政府对企业财政支持

政府部门对企业实行减税降费、落实大规模增值税留抵退税政策、延长申报纳税期限。加大对中小微企业帮扶力度，为企业提供贷款贴

息，为工业企业提供生产要素保障，进行用电资金补贴。政府部门提高面向中小企业的预留采购份额，缩短合同资金支付周期，加快资金拨付进度，减轻中小企业资金压力。根据实际对已承租区属国有房屋的服务业小微企业和个体工商户减免租金。

政府设立专项激励资金，对项目建设达到满产的企业给予奖励以鼓励项目加快建设。精准发放线下实体领域消费券，激发消费需求，拉动消费热点。将消费券和旅游年卡相结合，鼓励企事业单位购买文体旅游产品和服务作为员工福利，帮助旅游业加速恢复。政府对区内工业企业产值、服务业企业营收、零售业企业营收、批发业企业营收增量的企业进行奖励，通过政府奖励鼓励企业提质增效。

（二）完善人才引进培育政策体系

为使净月区吸引更多顶尖人才汇聚，高新区出台了包含 30 条高含金量的人才服务措施的《关于开展"汇智净月·广聚英才"人才服务专项行动实施方案》。文件中计划围绕资金资助、住房支持、人才引育、生活保障、建立服务体系等方面进行"六个一"人才服务专项行动。

做好人才引进与培育工作是完善人才引进培育政策体系的基础和发力点。为引进更优秀的人才，净月区尝试建立人事制度改革试验区，实行灵活自主的公开招聘和人才引进模式。搭建人力资源开发平台，通过举办大型校园招聘会、建立净月人才网等招聘信息发布平台，向人才和企业提供高质量人力资源服务。充分发挥净月区内已入驻高水平猎头公司和人才发展集团的作用，提供更专业和社会化的人才服务。推动"净月英才"人才引进计划的实施，重点引进科技创新创业顶尖人才、科技创新创业领军人才、科技创新创业人才、高级经营管理人才、培育高技能人才和大学生创业人才。入选该计划后，除基本的住房、资金、生活设施等配套服务外，其子女入学也可根据本人意愿协调安排。同时设置"伯乐奖"荣誉称号，对在人才引进工作中做出突出贡献的相关人员进行称号授予和奖励，调动人才引进工作的积极性。进一步健全"不求所有、但求所用"的人才引进机制。搭建基层人才实训平台，为本土人才培育提供专业化、特色化的服务。建立学生培育体系，联合团市委与吉林大学、长春师范大学、长春职业技术学院等为在校大学生建设实习实训基地，与长春医学高等专科学校、吉林大学、北华大学等高校共建专业性较强的医疗卫生专业毕业生实习基地。建设社会工作服务站，通过建立区服务总站、镇街服务站、村社区服务点实现区域内服务全覆盖，构建三级联动模式。深入实施优秀人才引育工程。净月区通过实施优秀海外人才引进工程、党政人才引进工程、企业家集聚工程、主导产业人才汇智工程、高层次专业技术人才和高技能人才引培工程、科技领军人才引育工程等人才引进工程，科技成果转化人才培养工程、卓越工程师培养工程、社会工作人才和农村实用人才培育工程、卫生教育人才强基工程的人才培育工程，全方位多方面推进人才引育工作。

改革全区人才发展体制机制，为高层次人才创新创业提供保障。允许和鼓励科技人员离岗创业，高校院所和国有企事业单位的专业科研人员，可带着科研项目和成果进行创业。推动实施人才创业项目、科研成果转化项目，设立人才发展基金为创业人员提供资金支持。为创新创业人员组织一系列交流活动，开展大学生实地访企活动、域外人才考察交流活动、多元化人才主题活动等激发创新活力。

净月区出台的"鼓励高层次人才集聚"等相关政策中，在资金支持方面对进行柔性合作攻关技术难题的企业和人才给予柔性引才资助，同时对院士等优秀科研人才及其团队最高可以给予1000万元资金支持。除直接给予资金资助外，净月区积极推进招商引资。并在全国各地招商联络处设立招才引智工作站，将招商引资与招才引智共同推进，实现引进人才的同时为科研团队引进资金。同时在招商引资的过程中将净月区的投资环境、人才政策、产业规划和优质企业宣传介绍给更多优秀人才和企业。

在住房保障方面，实施"人才公寓建设行动"，通过购买现有住房和新建净月英才公寓解决区域内引进人才居住难题。在加快人才公寓建设进度的同时，对优秀科研人才提供购房补贴、生产经营用房支持和配套奖励，如表6-6所示。

表6-6　　　　入驻高层次产业人才购房补贴、资金资助、
　　　　　　生产经营用房支持和配套奖励

入驻人才等级	条件	购房补贴	资金资助	生产经营用房
国内外顶尖人才	领衔创办企业	在长春首次自购住房的，给予50万元住房补贴	最高1000万元资金资助	根据实际需要提供生产经营用房，连续三年免收租金或给予房租补贴
国家级高层次人才	从事创新创业	在长春首次自购住房的，给予20万元住房补贴	最高300万元资金资助	提供最高500平方米生产经营用房，连续三年免收租金或给予房租补贴
省级高层次人才	从事创新创业	—	最高200万元资金资助	提供最高200平方米生产经营用房，连续三年免收租金或给予房租补贴

资料来源：长春市政府《关于进一步集聚人才创新发展的若干意见》《长春净月高新区进一步促进创新创业发展的若干政策》《关于开展"汇智净月·广聚英才"人才服务专项行动实施方案》。

　　净月区为引进人才提供一系列配套服务。在生活保障方面，进行净月人才码的开通，为引进人才在人才公寓、政务办理、社会保险、医疗就诊等方面提供"绿色通道"。提供人才暖心服务，开展"人才大走访"活动。建立"各级领导干部联系服务专家人才制度"。建立服务人才智库，在促进经济发展、推进基层治理、企业创新创造、科学技术攻关、人才开发引进等方面举办对接活动。

　　人才引进培育政策的宣传推广是保证政策实施效果的重要环节。净月区通过开展"人才政策进一线"活动，常态化开展送政策上门活动，广泛发放"人才政策口袋书"，推动人才政策"进园区、进企业、进社区"。

（三）推动区域内金融机构发展

　　高新区支持金融业在高新区聚集，拓宽企业融资渠道。对金融机构政策上提供一次性入驻奖励、办公用房支持、业务经营奖励、机构内高级管理人员奖励。对企业融资给予贷款贴息支持，对使用中小企业私募

债、集合债、集合票据及其他直接债务融资工具的区内中小企业（不含房地产、建筑业企业）给予补贴，对为区内科技企业提供融资服务，且年新增支持企业在 5 家以上的相关金融服务机构进行补贴。落实科技金融政策，建设东北亚区域性金融服务中心净月服务中心。

（四）健全企业创新奖励机制

制定对创新企业和创业人员的奖励机制。对区内建设的创新创业载体，如新认定的国家级、省级、市级、区级科技企业孵化器、加速器，新认定的国家级、省级、市级、区级众创空间有不同级别奖励；对社会投资设立和运营的各类创新创业载体，每新引进 1 家创新创业企业、每新增 1 家通过认定的国家高新技术企业、每新引进一家国家及省市高端人才计划入选者创办的创新创业企业、每新引进一家世界 500 强高管人员、中外院士及诺奖获得者创办的创新创业企业、每新增一家在主板、创业板（海外板）、新三板（吉林省股权所精选板）、四板成功上市（挂牌）的创新创业企业以及新增发明专利、实用新型专利、外观设计专利、注册商标、软件著作权、国际标准、国家标准、行业标准等知识产权合计 50 项以上的企业等对创新创业作出一定贡献的创新创业载体都会给予不同程度奖励。

鼓励企业加大自主创新力度。实施"重大科技成果转化""重大科技攻关""科技创新主体培育"等区级科技计划并设立专项资金对科技计划给予支持。推行"科技创新券"制度，对于获得国家和省（部）级科学技术进步奖和获得发明专利的企业进行奖励。培育区内科技创新主体。对于新认定为国家创新型企业、由投资机构投资并引进落户净月区的高新区科技企业、新引进并具有独立法人资格且注册资本在 500 万元以上的研发机构、高校院所、大型企业集团在净月高新区围绕新兴产业重点领域建设市场化运作、专职科研人员达到 100 人以上的新型产业技术研究院、新引进的创新型企业利用区内存量厂房开展生产经营的企业进行政府补助和政策扶持。支持科技服务平台建设运营，支持创新创业氛围营造。

长春国家自主创新示范区指标评价体系如表6-7所示。

表6-7 长春市国家自主创新示范区评价指标

指标	单位	长春新区	同比增长（%）	长春净月高新技术产业开发区	同比增长（%）
地区生产总值	亿元	815	8.90	407.5	2.80
公共预算收入	亿元				
税收收入	亿元				
累计减税	亿元				
固定资产投资	亿元	392.1		216.9	18.10
社会消费品零售总额	亿元				
人均可支配收入	亿元				
新增就业	亿元				
工业					
规模以上工业总产值	亿元	778.3	10.60	125.3	9.18
战略新兴产业产值	亿元	327.0	20.5		
高新技术制造业产值	亿元	189.2	31.2		
汽车产业产值	亿元	420.7	5.0		
医药产业产值	亿元	151.4	33.2		
电子产业产值	亿元	30.1	7.1		
装备制造业产值	亿元	29.5	28.4		
食品产业产值	亿元	12.2	-25.2		
能源产业产值	亿元	27.6	-8.7		
建材产业产值	亿元	37.1	-0.5		
科技					
双创企业	家	464	—		
高新技术企业	家	116		131	—
公共技术平台	个	96			
国家级研发机构	个	55			
国家重点实验室	家	5			

指标	单位	长春新区	同比增长（%）	长春净月高新技术产业开发区	同比增长（%）
科技					
"专精特新"企业	户	221	—		
省部级重点实验室	家	100	—		
国家级专精特新"小巨人"企业	户	23			
入驻企业	家	941	—		
在孵企业	家	341		645	—
入驻孵化器	家	63	—		
入驻服务机构	家	178			
孵化载体	个	45		38	
创新创业活动					
软件著作权	项	16612		30 +	—
有效发明专利累计数量	件	8281			
有效专利数量	件	21386	—		
R&D					
金融服务业					
金融服务机构	家			139	—
服务业增加值	亿元			323.8	1.3

资料来源：《2021长春统计年鉴》。

第三节　关于加快长春国家自主创新示范区发展的建议

长春自创区要主动服务和融入国家发展战略，进一步融入"一带一路"建设，积极打造我国向北方开放的重要窗口和东北亚地区合作中枢纽；要深入实施创新驱动，强化企业创新主体地位，加快建设国家自主创新示范区等平台载体，大力发展数字经济，培育经济增长新动能；要不断加大人才工作力度，突出培养、引进、使用三个重点，打造人才政策升级版，切实加大人才服务保障力度；要坚定不移坚持党的全面领导，不断提高政治判断力、政治领悟力、政治执行力。

一、扩大自创区管理权限

赋予自创区更大的自主权、决策权；在不与法律法规规章规定冲突的前提下，允许自创区在项目申报、财政补助、人才认定、证照办理等方面直接申报。优化办事服务流程，编制发布自创区权力清单、责任清单，健全完善一门受理、联审联批、多证联办和高效运转的综合服务平台。

二、加快自创区人才聚集

支持自创区编制高端紧缺人才目录并面向全球发布，精准引进高端人才，对带项目、带技术、带成果在自创区创新创业和转化成果的，经评估，可按市场化方式予以股权支持，当地政府在土地保障、平台建设、科研项目等方面给予重点支持。制定自创区科技人才双向流动管理办法，打破户籍、地域、身份、人事关系等制约。

优化人才创新环境，建立自创区人才综合服务平台，对国内外优秀人才在社会保障、签证居留、工商注册、创业扶持等方面提供便利化、一站式服务。对引进人才按照"一事一议、特事特办、随来随办、随时兑现"原则，实施子女入学、编制安置、安家补贴、配偶就业安置等激励措施，提升人才平台吸引力和创新力。

赋予自创区在人才管理、引进培养、评价激励、流动配置等方面更大自主权，支持自创区建立市场化的人才评价机制，在"破四唯"等方面率先探索。

三、全面提升自主创新能力

支持自创区持续推进综合极端条件实验装置建设，继续谋划重大科技基础设施。支持自创区加快建设 5G 基站、工业互联网、人工智能、超算中心、数据中心、智能传感、智慧城市等信息基础设施和融合基础设施，提升自创区创新发展的关键核心支撑能力。支持在自创区内建设互联网国家级骨干直联点，支持自创区统筹数据中心规划布局，推动算力、算法、数据、应用资源的集约化和服务化创新，融入全国算力枢纽体系。

健全自创区内国有企业技术创新经营业绩考核制度，在国有企业领导人员任期考核中加大科技创新指标权重，分类考核国有企业研发投入和产出。落实创新投入视同于利润的鼓励政策，对承担国家和省重大科技专项等科技计划项目、收购创新资源和境外研发中心、服务业企业加快模式创新和业态转型所发生的相关费用，经认定可视同利润进行考核。国有企业引进高层次、高技能人才产生的人才专项投入成本可视为当年利润进行考核。允许国有企业按规定以协议方式转让技术类无形资产。

加大创新产品扶持力度，支持自创区率先开展新技术新产品"首购首用"市场化风险补偿机制试点。按照国家相关政策，运用首购、订购的政府采购政策支持自创区新技术新产品。指导采购人依法采用竞争性磋商、竞争性谈判、单一来源采购等非招标方式，支持专利产品、专有技术等创新产品，以及市场竞争不充分的科研项目和需要扶持的科技成果转化项目。

四、全面推动区域开放合作

强化自创区示范带动作用。推动自创区与其他自创区、高新区科技园区对口开展科技、人才、成果、会展、论坛、企业、孵化器等方面的衔接，加快创新要素优化配置。支持自创区按照"一区多园"模式，与有关县（市、区）合作共建科技园区。支持自创区与省内外其他地区合作共建"飞地园区"，促进自创区部分成熟产业实现梯次转移。打造国家级科技合作活动品牌，支持开展中国长春国际创新创业论坛暨长春科技博览会。

推动自创区参与国际合作。支持自创区有条件的企业在海外设立研发中心、建立联合实验室等创新平台，充分利用境外资源开展创新创业。支持企业开展以技术为导向的并购与兼并，加快引进和利用一批国际先进技术成果。支持有条件的高等学校、科研院所和企业在"一带一路"共建国家建立科技园区、先进适用技术示范与推广基地和科技成果产业化基地。

第七章

哈大齐国家自主创新示范区科技创新协同发展的实践与创新

第一节　哈尔滨国家自创区科技创新协同发展的实践与创新

一、哈尔滨自创区现有政策评价

哈大齐国家自主创新示范区获批以来，着力于将哈尔滨高新技术产业开发区打造成为全省创新创业核心区，具有国际影响力的对俄及东北亚创新合作先导区。充分发挥哈尔滨科教资源富集优势，积极打造一批引领区域自主创新发展的高水平创新平台，加速聚集高水平创新资源要素，强化源头创新功能，完善创新创业服务功能，提升对俄及东北亚国际开放合作功能，引领带动哈大齐三地协同创新。重点发展高端装备制造、新一代信息技术、新材料产业，加快培育人工智能、生物医药、冰雪产业等新产业新赛道，补齐补强航空航天、智能机器人等特色产业链，打造"深空、深海、深蓝、深寒"四大硬核产业品牌，形成2~3个具有全国乃至全球竞争力的创新型产业集群①，支撑国家国防安全、产业安全。

哈尔滨自创区将抢抓机遇，谋求发展，勇于创新，寻求突破。在哈大齐国家自主创新示范区建设的基础上，充分灵活利用国家扶持政策，重点推进自身体制机制改革，打造更加绿色高效的创新创业生态体系，强化科技创新引领作用，持续提升人才吸纳能力，加快推进哈尔滨自创区的高质量发展。哈尔滨自创区计划到 2025 年，力争在"十四五"规划的收官之年，地区生产总值达到 1700 亿元，自创区内高新技术企业超过 1300 家，成为东北地区经济振兴与发展新的动力引擎。

（一）哈尔滨国家自主创新示范区建设

哈尔滨独特的区位优势、科研优势、资源优势、产业优势，将为哈尔滨自创区内的共享合作、科技自强、产业集聚、资源配置、人才要素流动等方面的协同发展搭建体系平台，为强化国际合作、科技成果更好孵化、公共服务体系建设等方面创造有利条件，为更好贯彻落实创新驱动发展战略，实现东北地区全面振兴提供支撑。

1. 建设体制机制改革创新试验区

哈尔滨自创区坚持政府主导，市场引领，积极探索建设高质量发展体制机制改革创新试验区，学习科技创新体制改革和机制创新的先进经验，加强与有关部门的联系对接，建立健全覆盖科技创新企业全生命周期的支撑体系。

2. 建设对俄及东北亚科创协同开放先导区

哈尔滨自创区将深入推动建立自贸试验区与自主创新示范区协同发展的工作机制，提升双区改革创新动力，推进关键核心技术攻坚工作，突破关键核心技术难题，加强自主可控的系统谋划，形成一批重大技术创新成果，强化南北和对俄科技合作，扩大科技创新领域对外合作成效，加快打造引领创新发展的战略性新兴产业高地和区域增长极。

---

① 资料来源：黑龙江省人民政府．黑龙江人民政府关于印发黑龙江省中长期科学和技术发展规划（2021—2035 年）的通知．

3. 建设创新创业生态标杆区

哈尔滨自创区将以产业园建设为重要载体，搭建科技合作交流平台，持续优化营商环境，建立高质量发展体系和承载平台，培育一批核心技术强、成长潜力大的科技创新主体，让自主创新"源头活水"充分涌流，助力高新技术企业和"专精特新"企业加速成长、协同发展，引领创新链与产业链深度融合，吸引并依托高水平、专业化科研机构和高校，提高省内高校院所科技创新高质量成果转化效率，向打造更加活跃高效的创新创业生态系统进发。

4. 建设老工业基地和创新型城市转型示范区

哈尔滨自创区将整合各方面创新资源，赋能产业高质量发展，围绕数字经济、生物经济、创意设计、冰雪文化四大新兴产业增长引擎，建设高质量发展的示范区、全面振兴全方位振兴的引领区。同时，自创区将聚焦技术创新和应用领域的需求，激发更多创新主体的热情，努力在技术预研、专利布局、人才储备和平台建设等重点领域集中发力，着力打造数字经济、新材料、卫星应用、超精密制造以及航空航天产业，拓展创新链、延长产业链，成为新兴产业集聚地，加快构筑新的竞争优势。

（二）哈尔滨自创区科技创新协同发展的实践

1. 推动区域内科技创新和产业协同发展

为发挥协调联动机制的牵头作用，哈尔滨自创区加强与大庆、齐齐哈尔片区的合作交流，充分发挥各片区的产业和技术优势，加强区域科技合作交流。哈尔滨自创区与大庆、齐齐哈尔片区通过建立常态化的合作交流机制，定期召开合作会议和研讨会，讨论和协调区域间的科技创新政策和发展方向。这种常态化的合作交流不仅促进了各片区之间的沟通和理解，还推动了各片区之间的资源共享和优势互补。

科技协同发展重点围绕以下主要新质生产力领域：一是人工智能领域，各片区逐步共享研究成果和应用场景，推动了人工智能技术在工业、农业、服务业等各个领域的深度应用。哈尔滨作为拥有丰富科技人才储备的城市，主导了人工智能基础研究和算法开发，而大庆和齐齐哈尔在智能制造和智慧农业等应用层面进行技术落地和推广。二是商业航天领域，商业航天是一个新兴的高科技领域，通过区域协同发展，实现了资源的优化配置。哈尔滨依托其在机械制造和高精密加工方面的优势，为商业航天设备制造提供支持；大庆和齐齐哈尔则提供更多的应用场景和市场空间。三是新能源汽车领域，各片区共同推进了关键技术的研发和应用推广，特别是在电池技术、动力系统和智能驾驶等方面的协作研究。同时，共同打造了新能源汽车的产业链，形成从研发、生产到市场推广的全流程协作体系。四是页岩油领域，页岩油是一种重要的能源资源，哈尔滨自创区与大庆、齐齐哈尔片区在页岩油勘探、开采技术以及环保治理等方面进行了深入合作，推动页岩油的高效、环保开采和利用。五是智能农机装备，智能农机装备是提高农业生产效率的重要手段，各片区在智能农机的研发、生产和应用方面形成紧密合作。哈尔滨在农业科技研究方面的积累与齐齐哈尔的农业生产实际相结合，推动智能农机的创新和推广。六是功能性食品，功能性食品已经成为健康产业的重要组成部分，各片区在功能性食品的研发、生产和市场推广方面展开有效合作，结合各自的科研优势和市场需求，共同推动了功能性食品产业的发展。在功能性食品开发上，自创区内的哈尔滨工业大学、东北农业大学等高校发挥其科研优势，进行功能性食品的基础研究和产品开发。例如，研究大豆肽、燕麦 β - 葡聚糖等功能成分的提取工艺及其健康功效。通过与哈尔滨自创区的科研机构合作，大庆等地区企业迅速将科研成果转化为生产力，推出符合市场需求的功能性食品产品，如富含亚麻籽油的保健品、富含燕麦 β - 葡聚糖的即食食品等。

在合作过程中，各片区坚持"错位发展"的原则，充分发挥各自的独特优势，避免同质化竞争。哈尔滨自创区依托其在科技创新、人才资源和高校科研方面的优势，侧重基础研究和科技创新。大庆片区依托其丰富的能源资源和工业基础，侧重于工业科技创新和能源技术的应用。齐齐哈尔片区利用其在农业资源和农产品加工方面的优势，重点发展农业科技和农产品深加工技术。哈尔滨自创区与大庆、齐齐哈尔片区建立了常态化的科技成果和企业技术需求梳理机制，通过科技成果展示、需求对接会等方式，实时更新和掌握各片区的科技创新动态和企业技术需求。这一机制有助于将科研院所的技术成果与企业的实际需求进行有效对接，促进科技成果的转化和应用，提高区域内企业的科技创新能力。哈尔滨自创区与大庆、齐齐哈尔片区还通过定期举办高层次的会商和对接会，促进各片区之间的深入合作。这些会商和对接会为政府、科研机构、企业和投资者提供了一个高效的沟通平台，能够及时解决合作中的问题，协调利益关系，推动项目落地和实施。同时，通过对接会，各片区的企业和科研机构能够更好地了解彼此的技术需求和科研动态，找到更多的合作机会，实现资源的共享和利用最大化。

通过以上措施，哈尔滨自创区与大庆、齐齐哈尔片区实现了资源的共享与协同发展。例如，共享科研设施和实验室资源，建立区域内的科技资源共享平台等。在人才培养和引进方面进行合作，促进了高端科技人才的流动和聚集。在科技政策和资金支持方面进行协同，形成了区域合力，推动了科技创新和产业升级。

2. 积极推进以深哈产业园为代表的科技产业园建设

哈尔滨自创区在积极推进各类产业园区建设中，致力于通过产业集聚、政策创新和合作机制的优化，推动区域经济的高质量发展。其中深哈产业园作为这一战略的重要组成部分，正持续塑造东北地区与东部地区对口合作发展的成功典范，努力成为东北振兴与粤港澳大湾区、深圳先行示范区建设同频共振的示范窗口。

深哈产业园是深圳市和哈尔滨市共同打造的产业合作平台。其建设背景是响应国家"东北振兴"战略和"粤港澳大湾区"建设要求，通过区域间的深度合作与资源共享，实现区域经济的互补与共赢。深哈产业园旨在引进深圳的先进管理经验、科技创新能力和资本资源，助力哈尔滨经济的转型升级和高质量发展。哈尔滨自创区在建设深哈产业园的过程中，积极复制深圳的先进经验，特别是在产业政策、招商引资、营商环境等方面进行了一系列创新和改革。所谓"带土移植"，即不只是引进深圳的企业和项目，更是将深圳在经济特区发展中积累的成熟经验和管理模式完全引入哈尔滨自创区。这些经验的复制和推广，为哈尔滨自创区的快速发展提供了有力的政策保障和制度支持。

深哈产业园在产业招商、政策创新和营商环境优化等方面充分体现了深圳、哈尔滨两市联合打造产业合作平台的成果：一是产业招商成效显著。深哈产业园通过引入华为"一总部双中心"、哈工大人工智能研究院、北科生物、科友半导体等一批龙头企业和高科技项目，初步形成了数字经济、高端装备制造、生物经济和新材料等新兴产业集聚发展的态势。这些企业的入驻，不仅提升了园区的产业层次，也为哈尔滨自创区的产业结构优化和经济增长注入了新动能。二是投资规模不断扩大。园区核心启动区累计完成投资 51.09 亿元，表明在基础设施建设、配套设施完善和产业项目引进等方面都取得了显著进展。大规模的投资为园区的发展奠定了坚实基础，也显示了各方对园区未来发展的信心。三是营商环境持续优化。深哈产业园积极营造良好的营商环境，通过简化审批流程、优化服务机制和加强企业扶持力度，吸引了大量企业注册入驻，2024 年园区注册企业数量已超过 630 家。这些举措有效降低了企业的运营成本，提高了企业的投资和发展意愿。

根据 2023 年 8 月发布的《深圳（哈尔滨）产业园区发展规划（2023–2030 年）》，深哈产业园的发展将全面提档升级。两市将依托已有的产业协作基础，推动哈尔滨的资源、空间、市场和要素与深圳的技术、资本、品牌和渠道等优势的有效结合，形成多点支撑、多业并举、多元发展的产业新格局。这一布局是指以产业核心区为引领，配套一个综合服务区，并形成四个特色产业组团，分别针对不同的产业方向（如数字经济组团、高端装备组团、生物经济组团和新材料组团）进行专业化和差异化发展。这种布局有助于发挥各区域的比较优势，实现资源的最优配置和产业的协调发展。

作为哈尔滨自创区的重要组成部分，深哈产业园将继续发挥其示范引领作用，到 2030 年，深哈产业园将基本建成现代产业生态体系，人才、资金、技术、数据等资源要素将进一步集聚，一批具有自主知识产权的研发成果将在两市成功对接转化①。这意味着深哈产业园将从一个传统意义上的产业园区发展成为一个集研发、创新、生产和市场推广为一体的现代化产业生态圈，成为东北地区与东部沿海地区合作的典范。

3. 积极推进高新技术企业聚集，构建创新型产业体系

哈尔滨自创区正通过树立"四大经济"核心引擎地位，梯次培育优势产业，全力加快培育产业集群，构建创新型产业体系，打造成为东北振兴和国家创新驱动战略的重要支撑点。

哈尔滨自创区围绕"四大经济"——即数字经济、生物经济、先进制造经济和创意设计经济，大力培育和发展产业集群。通过打造强有力的核心引擎，推动各类产业的梯次发展和优化升级。其中围绕数字经济产业，哈尔滨自创区积极推进数字经济产业园的建设和运营，吸引了华为鲲鹏中心、惠达科技、思灵机器人、善行医疗等一批行业龙头企业和潜在独角兽企业入驻。园区聚焦人工智能、信创（信息创新）、计算产业和信息软件等领域，初步形成了具有核心竞争力的数字经济产业集群。数字经济产业的集聚度达到73%，成为哈尔滨自创区新的经济增长点和科技创新的重要引擎。生物经济是哈尔滨自创区重点发展的战略性新兴产业。自创区着力打造全省生物产业链核心聚集区，建设哈尔滨国家生物医药产业基地和国家生物医药集聚发展示范区。医药产业作为哈尔滨自创区的支柱产业，已形成"一核两区六基地"的生物经济发展格局。其中以利民生物医药园区为核心，专注于生物医药的研发和生产。"两区"一是以天晴干细胞、博能生物、敷尔佳为代表的哈尔滨自创区生物医学工程与医美产业功能区，二是以善行医疗、库柏特、华大基因为代表的深哈产业园智慧医学与精准医学特色功能区。六基地涵盖生命科学、医疗器械、生物农业等多个领域，形成各具特色的产业基地，促进生物经济的多元化和集约化发展。

围绕先进制造经济，哈尔滨自创区聚焦制造业的智能化和数字化转型，重点推动医药食品加工、电站设备、船舶动力、航天科技等生产制

---

① 资料来源：《深圳（哈尔滨）产业园区发展规划（2023－2030年）》。

造装备的智能化和数字化升级。自创区现有上市企业 13 家，新三板挂牌企业 16 家，并有 58 家入库重点培育上市企业，这些企业在推动自创区制造业升级、提升产业竞争力方面发挥了重要作用①。围绕创意设计经济，哈尔滨自创区在高标准建设创意设计"一中心，两园区"方面取得了积极进展，逐步形成了完整的创意创新生态体系。哈尔滨创意设计中心吸引了来自深圳等地的 31 家知名企业入驻，增强了自创区的创新能力和设计产业的整体水平。自创区创意设计产业园被认定为首家"黑龙江省级广告产业园区"，并建设了哈尔滨冰雪创意设计产业园。3 个冰雪实验室的建成投用，不仅带动了冰雪景观建筑和冰雪乐园运营行业的发展，还推动了相关行业标准的制定和实施。

自创区积极推动科研成果在本地的落地和转化，依托强大的科技研发能力和先进的制造业基础，推动科研成果向实际生产力转化。通过建立健全的科技创新体系和产业链对接机制，哈尔滨自创区有效地打通了科技成果转化的关键堵点，促进了科技创新资源的高效配置和产业化应用。

4. 积极构建科技成果转化全链条服务体系

哈尔滨自创区通过构建科技成果转化全链条服务体系，致力于推动区域内科技创新和产业发展的深度融合，提升科技成果的转化效率和产业化水平。2023 年 11 月 30 日，哈尔滨科技大市场的设立作为省市共建的科技示范项目，是哈大齐自创区建设的重要抓手②。哈尔滨科技大市场的成立旨在搭建一个集聚科技创新要素的公共服务平台，推动科技成果的高效转化和应用，实现从"科研"到"产业"的无缝对接。哈尔滨科技大市场采用"科技服务 + 技术交易"模式，以科技成果的就地转化和产业化为主线，集"汇聚、展示、评价、交易、金融、培育、服务、合作、衔接"九大功能于一体，形成了一个科技成果转化的全链条

---

① 资料来源：这就是，哈尔滨新区［EB/OL］. 新华网，（2024 - 01 - 25）［2024 - 08 - 20］，http：//hlj. news. cn/20240125/6df1218bb5f24a81901630f784a64662/c. htm.

② 资料来源：哈尔滨科技大市场在哈启动［EB/OL］. 黑龙江网，（2023 - 11 - 30）［2024 - 08 - 20］，https：//www. chinahlj. cn/news/771199. htm.

服务体系。具体来说，这九大功能涵盖了科技成果从研究开发到市场应用的全过程。

汇聚功能集中展示区域内外的科技成果和创新资源，形成科技成果的集聚效应。展示功能通过常设展区和线上平台，展示最新科技成果、技术和产品，提升科技成果的可见度和影响力。评价功能通过建立科学、公正的科技成果评价体系，为成果的转化和交易提供权威的评价依据。交易功能提供线上线下的技术交易平台，促进技术供需双方的直接对接和高效交易。金融功能通过引入科技金融服务，为科技成果转化提供资金支持，如设立专项成果转化基金。培育功能通过提供科技企业孵化和成长服务，培育一批具有市场竞争力的科技企业。服务功能提供一站式科技服务，包括知识产权保护、技术咨询、市场推广等。合作功能通过构建多方合作机制，推动科技成果与市场需求、政策支持的有效结合。衔接功能通过构建科研与市场的桥梁，打通科技成果转化的最后环节。在科技创新驱动下，哈尔滨自创区的科技成果转化体系建设已经初显成效。截至 2023 年底，哈尔滨高新技术企业数量达到 1281 户，占全省的 29.1%；国家级"小巨人"企业 14 家，占全省的 14.8%；省级"专精特新"企业 128 户，占全省的 24.5%。高新技术产业产值占规上工业总产值的 41.7%，表明区域内的产业结构不断优化，科技创新能力显著增强[①]。新光光电、航发哈轴获批为国家企业技术中心，这表明这些企业在技术创新和产业化能力方面得到了国家的高度认可。敷尔佳科技成功上市，标志着哈尔滨自创区在推动科技企业进入资本市场方面取得了重要突破。艾拓普科技、瀚邦医疗科技入选全国第五批"专精特新"小巨人企业，显示出哈尔滨自创区在支持中小企业创新发展方面的有效性。哈尔滨纳诺机械设备有限公司工业设计中心入选工信部第六批国家级工业设计中心，进一步提升了哈尔滨在高端制造和工业设计领域

---

① 资料来源：新华社. 哈尔滨新区创新引领产业振兴［EB/OL］. 快资讯，（2024-04-09）［2024-08-20］，https：//www. 360kuai. com/pc/94a51d690003f0a99？cota=3&kuai_so=1&sign=360_57c3bbd1&refer_scene=so_1.

的创新能力。

哈尔滨自创区计划通过加强科技成果转化的全链条服务体系建设，进一步提升区域的科技创新能力和产业化水平。到 2026 年，力争高新技术企业总数达到 2000 家以上，高新技术企业的产值占工业总产值的比例超过 50%。这将极大地提升区域的经济创新活力和产业竞争力。推动科技成果转化 1500 项以上，实现数量与质量的"双倍增"①。这意味着在未来几年内，哈尔滨自创区将持续推进科技成果的高效转化和应用，助力区域经济的转型升级和可持续发展。

5. 扩展合作空间，形成辐射联动发展新格局

哈尔滨自创区与齐齐哈尔片区、大庆片区开展优势互补、互为配套、互利共赢的合作，引导创新要素向周边扩散，构建区域协同创新网络，实现优势互补、资源互动，促进区域经济转型升级，形成辐射联动发展新格局。充分发挥自创区哈尔滨片区的自贸试验区与自创区"双自联动"体制机制优势，提升齐齐哈尔片区、大庆片区跨境研发、贸易、交流等活动便利化水平；加强在制度创新、招商引资、服务企业和科技成果就地转化等方面的经验互鉴，深化科研成果转化、重大基础设施共建等合作，提升整体科技创新能级；强化哈尔滨省会城市首位度和创新资源溢出效应，牵头联合大庆市、齐齐哈尔市等区域建设哈大齐科创走廊沿线创新载体；强化装备制造、现代农业等产业链的跨区域协同辐射，合力打造具有国际竞争力的产业集群。

哈尔滨自创区深化与北京市、深圳市、西安市等友好城市务实合作，积极拓展与杭州市、合肥市、南京市等新兴城市深度合作，鼓励双方科研机构深度合作，加大重点领域在应用基础研究等方面的合作深度；通过"揭榜挂帅"的方式，鼓励南北科技创新主体开展联合攻关，重点突破智能制造、芯片、人工智能等技术瓶颈；重点在生物燃料、水

---

① 资料来源：生活报. 哈尔滨新区：力争 2026 年高新技术企业达 2000 家以上 [EB/OL]. 网易新闻，（2023－10－27）[2024－08－20]，https：//www. 163. com/dy/article/II24GP1M0512CCJ3. html?spss＝dy_author.

污染生物治理、生物诊疗设备等生物经济领域，区块链、元宇宙等数字经济领域，进一步加大区域合作力度；借鉴浦东先进经验，以加快推动治理体系和治理能力现代化建设为主线，探索更加系统集成高效的审批模式、服务模式；深度融合京津冀发展，瞄准中国心脏部位，畅通政治中心"大动脉"，推动资源优势互补、相互促进，打开北方门户、进军西北市场，延续"丝绸之路"；深度对接京津冀协同发展战略，推进产业园区战略合作，构建产业转移跨区域合作机制，吸引南资北移，承接产能转移；创新开展技术合作、战略联盟、外包等非产权合作，合力拓展融入新格局的合作空间。

二、哈尔滨国家自主创新示范区政策总结

1. 加速科技成果转化，打造科技成果转化示范区

哈尔滨自创区主动对接新一轮国家中长期科技发展规划、科技强国行动纲要、基础研究十年行动方案和"科技创新2030重大项目"，突破一批关键核心技术，形成一批重大技术创新成果。哈尔滨自创区支持鼓励创业者将科研成果在自创区哈尔滨片区内迅速转化落地，营造更加活跃高效的创新生态系统。加速科技成果高质量转化，开展科技成果产业化行动计划，鼓励支持哈工大、哈工程、中船重工七〇三所、中电四十九所等在哈高校及科研院所通过授权、转让、入股等方式，在自创区哈尔滨片区转化科技成果。加强科技成果转化服务。以强化市场激励机制和市场化项目发现机制为重点，采取"研发代工"等新模式，开展面向需求的"定制化"科技成果转化服务。建设国际技术转移枢纽。深化与俄罗斯及东北亚的产学研合作，促进国际科技成果交易及落地转化，构建辐射全国、链接全球的技术交易平台体系。

强化创新主体培育，培育成长型创新企业。哈尔滨自创区开展骨干企业矩阵培育行动，建立"科技型中小企业—高新技术企业—科技型领军企业"梯度培育机制，促进科技企业量质齐升，推动规模以上企业研发活动全覆盖。培育科技型中小企业，鼓励各类科技人员通过科技成果

转移转化和参股入股方式，在自创区哈尔滨片区创办科技型企业，指导科技型中小企业认定和兑现有关惠企政策；加快培育高新技术企业，加强高新技术企业培育储备，积极兑现高新技术企业奖励和研发补助等奖励政策；加速培育科技型领军企业，择优遴选一批具有一定规模、科技含量高、发展潜力大的高新技术企业，优先纳入哈尔滨市上市后备企业资源库；加快实施企业上市"紫丁香计划"，推动民营高成长企业利用科创板等多层次资本市场挂牌上市；实施"专精特新"发掘行动，引导中小企业专注细分领域精耕细作做精做强，加快培育一批专精特新"小巨人"企业；实施知识产权强企行动，推动重点企业培育创造一批能够引领产业发展的高价值专利，加强创新型企业知识产权能力建设。

2. 创新要素聚集，促进科技孵化

作为国家双创示范基地，哈尔滨自创区紧紧围绕自创区建设的基本要求，加快布局创新平台，重视孵化载体建设，现有各类孵化器53个，在孵企业2654家，形成了全省规模最大的孵化经济群。为促进各种类型孵化器发展，充分发挥国家级自创区在科技孵化、科技金融、科技服务等方面的优势，支持各类企业、人才入驻自创区创业创新方面，哈尔滨自创区管委会做出以下政策。

第一，鼓励社会主体发挥各自优势，创办各种类型孵化器。创办的孵化器应坐落在哈尔滨科技创新城内，具有一定规模的场地和公共服务设施，并在哈尔滨自创区注册缴税。第二，孵化器创办主体需向管委会提交书面申请，管委会相关部门组成工作小组，对孵化器申报情况进行调查核实，提出认定意见，报管委会审定。第三，自创区管委会设立年额度不低于2000万元的孵化器发展扶持资金，由自创区管委会财政列支，专项用于兑现自创区孵化器总部经济政策、奖励在孵化器发展中做出突出贡献的孵化器经营主体和管理团队。第四，对于创办的各种类型孵化器，管委会相关部门组成工作小组，每年进行考核，对经营业绩达到一定标准的，可享受自创区孵化器总部经济政策。第五，根据年度考核结果，对发展和服务优良的孵化器经营主体单位进行奖励。奖金主要用于完善相关孵化服务功能，其中孵化器经营主体单位应将奖金的

20%用于奖励孵化器管理团队。第六，利用自有房产创办的孵化器，被认定为市、省、国家级孵化器并获得资金奖励的，管委会按照奖励额度的1:1比例进行匹配。第七，鼓励各相关主体单位，根据市场需求，创办具有一定特色的创新型孵化器。第八，鼓励各种金融、中介服务机构，为孵化器和孵化企业、项目提供各种专业化服务。对孵化器中重点企业和重点项目，天使投资基金、创业创新基金等予以倾斜，并在辅导企业新三板上市等方面优先扶持。

3. 加大科技金融相关政策扶持力度

哈尔滨自创区管委会陆续出台多个与科技金融工作密切相关的扶持政策，加大对科技金融的扶持力度，引导和促进科技金融结合，迅速对接金融资本，加快发展的脚步。重新修订的《黑龙江省支持企业上市发展专项资金管理办法》，提高企业上市的奖励资金，吸引优质的上市企业集聚，抱团发展。创新金融服务方式，发挥好哈尔滨自创区金融产业集聚区作用，吸引各类金融机构入驻设立分支机构，探索开展新技术新产品双创债试点和科技信贷服务新模式，积极发展数字金融和金融科技。完善科技金融体系，建立健全科技融资担保、股权融资、政府公共征信等机制，探索"政策供给—基金支持—担保贷款—风险分担—投贷联动—上市培育"的服务链条新模式。围绕建设哈尔滨新区金融商务区的产业布局，建设四大银行总部大楼，依托四大银行的行业影响力，引进一批金融服务企业，提升新区金融商务区的整体办公环境，吸引省内外优秀人才。

4. 巩固提升对俄和东北亚地区合作地位

哈尔滨自创区用足、用活、用好国家赋予对俄合作方面的制度创新空间和试点权力，深入挖掘、充分整合俄罗斯和东北亚协同创新的外部条件和资源，打造以对俄全面合作为基石的科创中心，高标准提升对俄合作能级；深化对俄金融领域开放创新，推动对俄经济金融高质量发展，扩大金融业对内对外开放，全面提升对俄结算服务能力，打造全国对俄金融资源集聚地；深化中俄国际人才发展合作机制，引进一批能够突破关键技术、引进高新技术产业的外国高层次人才和急需紧缺人才，支持外国领军人才到哈尔滨创新创业，努力把自创区哈尔滨片区建成全国对俄技术和人才交流的集散地；开展多层次对外交流活动，打造面向东北亚的商贸会展中心，依托中俄博览会等展示平台，营造面向俄罗斯及东北亚地区区域科技交流合作与创新对话的开放生态；打造产业化国际科技合作基地，围绕重点产业技术领域，持续引导、培育一批专注于产业研究和技术创新的企业化研究平台；加强与东北亚各国合作交流，依托哈尔滨市联通国内、辐射欧亚的物流枢纽优势，有针对性地与东北亚各国开展多领域合作，打造东北亚经济腹地。

第二节　大庆国家自创区科技创新协同发展的实践与创新

一、大庆国家自主创新示范区现有政策评价

（一）大庆国家自主创新示范区建设

哈大齐国家自主创新示范区自获批以来，大庆市依托高新区为创新聚集区，积极推进区域协同创新，拓展创新发展空间，并深入参与哈大齐国家自主创新示范区创建。同时，大庆市推动高新区进行体制机制创新和政策先行先试，以打造创新驱动发展的示范区和高质量发展的先行区。大庆市还积极推进传统工业转型升级，以石油化工业为重点，培育与之互为支撑的新兴产业。此外，大庆市致力于发展以石油化工、汽车制造、新材料为引领的"3＋N＋1"产业发展体系，并努力构建具有区域特色的新兴产业技术创新体系。在石油化工、汽车制造、数字经济、战略新兴产业和现代服务业等领域，大庆市通过产业链布局创新深化，促进各类科技要素合理流动和高效集聚，推动哈大绥一体化建设。

大庆市高新技术产业开发区的产业体系已经搭建完善，经济增长势头强劲，科创体系日益健全，是全国唯一依托石油石化资源辟建的国家级高新区。高新技术产业开发区已形成主体区和宏伟、兴化、林源三个化工园区的"一区三园"的发展格局及石化、汽车、新材料、战略新兴和现代服务的"3＋N＋1"主导产业体系。全区已发展各类企业6500余家，其中规上工业企业79家、收入超亿元企业70家、超十亿元企业11家、超百亿元企业2家。2023年实现地区生产总值404.6亿元，同比增长10.7%，完成固定资产投资39.4亿元，实现规上工业增加值77.5亿元，全区营业总收入1150亿元，是省委、省政府实施"工业强省"百千万工程重点打造的千亿级产业园区之一①。高新技术产业开发区科创体系日益完善，坚持创新驱动高质量发展战略，引进东北石油大学、省科学院大庆分院等5所高校科研院所，建成省级以上研发平台80家、省级以上孵化载体13家，目前高新技术企业总数达到276家，省级"专精特新"中小企业30家、国家级"小巨人"企业3家。自2009年以来，先后获批建设全国第11家国家创新型科技园区、国家科技资源支撑型"双创"升级园区、国家大众创业万众创新示范基地②。

1. 营商招商环境建设

在营商环境建设方面，根据来自大庆市发改委的统计数据显示，截至2022年12月中旬，全市已经成功落实了500个投资额超过500万元的重点项目，总投资达到了528亿元。其中，45个省级重点项目的投资额为385亿元。这意味着全市的500个项目以及45个省级重点项目都超出了年度计划，投资完成率均超过100%③。在东北"三省一区"

---

① 资料来源：走进园区：园区简介［EB/OL］. 大庆市高新技术产业开发区官网，［2024－08－20］，http：//dhp. daqing. gov. cn//gaoxinqu/gxgl/202402/c05_169119. shtml.

② 资料来源：大庆高新区概况［EB/OL］. 大庆高新技术产业开发区管理委员会网站，（2023－07－25）［2024－07－02］，https：//dhp. daqing. gov. cn//gaoxinqu/gxgl/202307/c05_169119. shtml.

③ 资料来源：全市500个项目及45个省级重点项目年度计划投资完成率双"过百"［EB/OL］. 大庆市人民政府网站，（2023－07－25）［2024－07－02］，https：//www. daqing. gov. cn//daqing/c100320/202301/c05_157921. shtml.

营商环境试评价中，大庆市列第 4 位、地级城市第 1 位①。

大庆市积极营造高效便捷的营商环境，创新推行重点项目建设"五制服务"，全面推广企业投资项目承诺制和"首席服务员"制度，"放管服"改革纵深推进，市级"网上办跑一次"事项比率达到 92%，坚持将深化放管服改革作为优化营商环境的总抓手，持续深入推进简政放权、优化服务，提升政务服务便利度和企业、群众的获得感。

在"十四五"期间，大庆市力争稳固跻身东北地区营商环境最优城市行列，在市场主体设立注销、投资建设项目审批服务、企业获取生产要素保障以及公共资源交易体系建设等方面进行改革创新试点，以打造一批代表全省乃至全国的标杆指标，通过一系列努力，吸引和集聚一大批重点产业项目和战略投资者，使大庆成为东北地区最具活力的民营经济创新发展示范城市。

2. 数字经济新引擎建设

来自《中国城市数字经济指数蓝皮书》的数据显示，大庆在"城市画像"中被划入二线城市，数字经济规模 923 亿元，列全国第 100 位、东北第 5 位、全省第 2 位②。在数字经济建设方面，大庆市人民政府完善顶层设计方案，为数字经济新引擎的建设提供了保障。2022 年 5 月 19 日，大庆市人民政府颁布了《大庆市加快推进数字经济高质量发展若干政策措施》，该文件通过具体措施引导大庆市数字经济的发展。同时，市级层面还相继出台了《数字大庆建设总体规划（2021 – 2025）》《数字大庆建设行动计划（2021 – 2023）》等一系列文件，为数字经济的发展搭建了坚实的基础。

截至 2022 年 8 月，大庆市数字经济企业已经发展到 1014 家，涵盖 5 个领域、29 个类别。同时，大庆市数字经济发展基础设施架构完

① 资料来源：大庆国民经济和社会发展第十四个五年规划和二〇三五年远景目标纲要 [EB/OL]. 大庆市人民政府，https://www.daqing.gov.cn//daqing/c100504/202111/c05_75446.shtml.

② 2021 中国数字经济城市发展白皮书 [J]. 数字经济，2021（9）：73 – 82.

备，构建了覆盖全市的基础数据支撑体系，全市95%以上的业务系统均实现云部署，6871个5G基站实现市区覆盖率达到100%①，建成完整的"市—县（区）—乡（镇）"三级政务网络体系，并构建了一个集综合人口、企业法人、空间地理、信用体系、电子证照、电子印章六大基础信息为一体的资源库，以此为基础建立全市基础数据支撑体系。面对数字经济的新"蓝海"，大庆市将"中国新兴的数产深度融合城市"列为"三个城市"建设之一。按照产业数字化、数字产业化、数字化治理和数据价值化的"四化"方向，扎实地加强基础设施建设、推进项目发展、吸引企业投资，推动大庆数字经济实现跨越式发展。

3. "3 + N + 1"产业体系建设

当前大庆市高新区正着力打造构建以石化、汽车、新材料、战略新兴以及现代服务业为主导的"3 + N + 1"产业体系，做大做强石油化工、汽车、新材料三大特色主导产业，力争培育一批百亿元级别龙头企业，构建三个千亿元级产业集群。

（1）石油化工产业。

2019年9月26日，在大庆油田发现60周年之际，习近平总书记专门发来贺信，勉励大庆"肩负起当好标杆旗帜、建设百年油田的重大责任"。自2017年8月18日将"油头化尾"上升为省级战略以来，石化炼油结构调整转型升级、550万吨重油催化热裂解等重大项目全面投产，原油一次加工能力由"十三五"初期的1470万吨提升到"十四五"时期的2370万吨、增长61.2%，乙烯产量由84万吨提升到128万吨、增长52.4%②，地方企业多年筹划破解的"稳油兴化"战略课题有了实质成果（见图7 – 1）。

---

① 资料来源：数字经济产业 Digital economy industry［EB/OL］．大庆市人民政府外来投资信息服务平台，https：//www. daqing. gov. cn//daqing/c100597/202210/c05_76555. shtml.

② 资料来源：大庆国民经济和社会发展第十四个五年规划和二〇三五年远景目标纲要，大庆市人民政府网站，https：//www. daqing. gov. cn//daqing/c100504/202111/c05_75446. shtml.

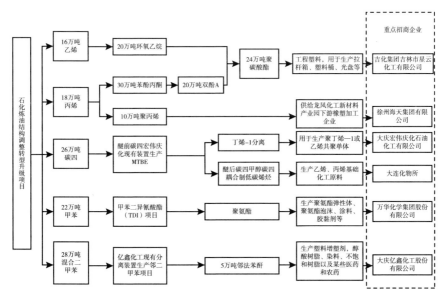

图7-1　大庆石化炼油结构调整转型升级项目新增原料承接产业链闭合招商

资料来源：大庆市产业链闭合招商图谱［EB/OL］. 大庆市外来投资信息服务平台，［2024-07-02］，https://www.daqing.gov.cn/daqing/c100597/202009/c05_76536.shtml.

截至2023年12月28日，大庆油田已经实现国内外油气当量连续21年保持在4000万吨以上①，"压舱石"地位稳固坚实。"油头化尾"产业板块基础更加夯实，已开工建设大庆石化千万吨炼油、大庆联谊550万吨重油催化热裂解、大庆炼化产品结构优化三个"油头"项目，正在谋划建设三个千万吨炼化一体化，预计到2025年，炼油规模将会从当前的1950万吨跃升到3000万吨②。

（2）汽车产业。

大庆市按照"龙头牵引、配套补链、服务拓链、集群升级"的思路发展汽车产业。在规模上致力于扩大汽车整车制造的规模，坚持以龙

---

①　资料来源：新华社客户端. 大庆油田2021年完成油气产量当量4322万吨［EB/OL］. 网易新闻，（2022-01-01）［2024-07-02］，https://www.163.com/dy/article/GSLJMV3V0534A4RJ.html.

②　资料来源：油头化尾产业［EB/OL］. 大庆市外来投资信息服务平台，http://www.daqing.gov.cn/dqtz/zhongdianchanye/2662.html.

头企业带动产业链上下游的发展，并朝着品牌化和高端化的方向努力。首先，推进沃尔沃乘用车的扩产和产品升级，提高大庆市整车制造的竞争力。其次，积极策划和发展新能源汽车，针对国内知名的合资和自主品牌，争取引进新能源汽车制造企业。再次，积极争取吉利新能源客车项目的落地。最后，同时发展特种车和专用车，根据油气开采和运输等行业的需求，研发和生产中高端的油田测井车、试井车、LNG 运输车等特种车辆，以满足市场需求。

汽车产业是大庆资源型城市转型发展的重要支柱产业。目前，该产业已初步形成了整车生产、零部件配套和后市场服务的发展格局。随着沃尔沃项目的上线生产，整车产量已累计突破 15 万辆，并吸引了一大批配套企业，如安道拓座椅、延锋彼欧保险杠等，形成了相对完整的汽车产业链条（见图 7 - 2）。

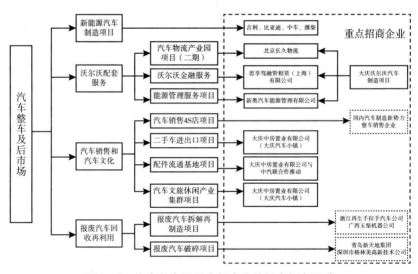

图 7 - 2　汽车整车及后市场产业链闭合招商图谱

资料来源：大庆市产业链闭合招商图谱［EB/OL］．大庆市外来投资信息服务平台，［2024 - 07 - 02］，https：//www.daqing.gov.cn/daqing/c100597/202009/c05_76536.shtml.

（3）新材料产业。

大庆市按照"产业链延伸，规模化发展"的原则，发挥本地新材料产业的工业基础和市场规模优势，重点围绕高分子材料、金属材料和无机非金属材料三大领域，培育重点企业和品牌，拓展新材料产业链，推动新材料与上下游产业的耦合发展，实现新材料产业的扩大、增强和优化，打造具有特色鲜明的新材料产业。

围绕新材料产业链延伸提升材料附加值，拓展金属材料竞争力。首先，重点发展精细化工用品，扩大聚乙烯、聚丙烯等原材料的生产规模，以延伸石化产业链为主要方向。其次，加快推进生物基高分子材料产业的培育，包括中蓝石化聚乳酸项目、大庆圣泉绿色生物质精炼一体化（一期）项目和伊品生物尼龙56项目建设。最后，依托豫港龙泉铝板带箔项目，拓展铝制品加工业的发展空间，特别关注与汽车、装备、新能源等产业结合的下游精深加工产品。

（二）大庆国家自主创新示范区政策总结

为推进大庆自主创新示范区建设，激发市场主体活力，持续优化营商环境政府主要实施了以下政策：

1. 深化"放管服"改革，健全营商环境机制

加快转变政府职能，精减行政权力事项，并重点关注投资、审批、交通和物流等领域。继续下放一批行政审批事项，推动转变政府公务人员的"官本位"作风，进一步向"服务型政府"转变。同时，大力推行行政告知承诺制度，实施"容缺受理"制度。此外，加快数字政府建设，全面推行"互联网＋"政务服务模式，并开展"互联网＋监管"。对于与公众密切相关的服务事项，实现网上受理和网上办理的"全覆盖"。深化商事制度改革，实现"证照分离"改革的全覆盖，并大力推进"照后减证"。此外，放宽小微企业和个体工商户登记经营场所的限制，企业开办全程网上办理，最大限度地缩短开办时间。全力打造"办事不求人"的政务服务品牌，实现真正的利企便民。实施具有实质性突破的利企便民政策，落实《优化营商环境条例》和《黑龙江优化营商环境条例》，健全整顿作风和优化营商环境的长效机制，并实施"好差评"改革。

2. 推进要素市场化改革，激发技术供给活力

整合土地、劳动力、技术和数据等要素资源，加快构建全域一体化的要素市场。推动土地要素的市场化配置，加快建立农村集体经营性建设用地入市增值收益分配机制。实行工业用地长期租赁和灵活年限出让制度，扩大国有土地有偿使用范围。推动劳动力市场的优化配置，着力引导劳动力和人才要素的合理畅通有序流动，深化户籍制度改革，全面放宽城镇落户政策，并建立基本公共服务与常住人口挂钩的机制。推进技术要素市场化配置，着力激发技术供给的活力，促进科技成果的转化。建立大庆市科技成果展示交易中心，完善大庆科易网技术交易平台，引进第三方科技成果交易平台，促进技术要素的流动。鼓励科技企业与大庆市高校、科研机构合作，建立技术研发中心、产业研究院、中试基地、技术创新中心等新型研发机构，支持应用技术类科研院所的市场化、企业化发展。

3. 深化财税体制改革，健全创新融资服务机制

深化财税体制改革，落实中央、省和地方之间的财政事权和支出责任划分，并逐步推进各领域的财政事权和支出责任划分改革，以建立权责清晰、财力协调、区域均衡的市区财政关系。同时，创新金融体制改革，具体措施包括落实国家利率市场化改革，健全创新融资服务机制，实现融资规模合理增长。另外，推动实施动产和权利担保统一登记，提升企业担保融资效率。鼓励开发创新金融产品，推广信用贷款"白名单""银税互动"等免担保、免抵押的信贷业务。健全完善中小微企业贷款"政银担"风险分担机制，提升担保和保险增信能力。加大与交易所、券商等多方合作力度，贯彻实施新材料、高端装备、节能环保等优势企业上市"紫丁香"计划，利用债券发行、资产证券化等金融工具，提高企业直接融资比重。

4. 优化民营经济发展环境，推动纾困惠企政策落地

优化民营经济发展环境。制定公职人员服务民营企业负面清单，确保公职人员服务民营企业的行为规范和透明化。同时积极培育和发展中国特色商会组织，提供更好的服务和支持。实施市场准入负面清单制

度，进一步放宽民营企业市场准入。在基础设施、社会事业、金融服务业等领域大幅放宽市场准入，为民营企业提供更多的发展机会。进一步落实外商投资准入负面清单管理制度，落实鼓励外商投资产业目录，扩大外资的市场准入。加强反垄断和反不正当竞争执法，提高违法成本，完善大庆产融服务平台、科技成果展示交易中心等中小企业公共服务平台和服务体系。

制定支持民营企业和中小企业发展的政策，实施民营企业梯度成长培育计划，推动大中小企业之间的融通、配套和有序发展。鼓励民营企业实施品牌战略，支持其科技创新发展，着力解决企业融资难、融资贵等问题，加快"个转企、小升规、规改股、股上市"步伐，培育一批"专精特新"创新型示范中小企业。同时，实施减税降费政策，落实普惠性减税与结构性减税并举，重点减轻制造业、服务业和小微企业的税收负担，并严格执行增值税税率下调和相关收费基金减免政策。

二、大庆国家自主创新示范区目标及指标评价

大庆市以创建国家创新型城市为主线，加快推进高水平科技创新能力建设，深度融入哈大齐国家自主创新示范区发展，培育并打造高成长企业主体群落（评价指标见表 7 – 1）。力争到 2025 年，全社会研发投入占 GDP 比重达到 2.2%，技术合同成交额占地区生产总值比重达到 2.2%，高新技术企业数量达到 800 家①。

表 7 –1　　　大庆国家自主创新示范区评价指标（2022 年）

类别	单位	数值	同比增长（%）
地区生产总值	亿元	2988.6	− 0.3

---

① 资料来源：大庆国民经济和社会发展第十四个五年规划和二〇三五年远景目标纲要 [EB/OL]. 大庆市人民政府，https：//www.daqing.gov.cn//daqing/c100504/202111/c05_75446. shtml.

类别	单位	数值	同比增长（%）
人均地区生产总值	万元	10.9	0.7
财政总收入	亿元	486.2	13.6
税收收入	亿元	109.5	-4
财政总支出	亿元	406.5	10.9
进口总额	亿元	1345.8	35.8
出口总额	亿元	67.0	32.5
社会消费品零售总额	亿元	669.5	-9.8
城镇居民人均可支配收入	元	47482	3.5
农村居民人均可支配收入	元	21169	3.6
新增就业	万人	4.4	34.5
工业			
规模以上工业企业户数	户	532	6.0
规模以上工业企业资产总额	亿元	5990.2	3
规模以上工业企业营业收入	亿元	3939.6	16.3
新签约千万元及以上实际利用内资	亿元	506.8	11.7
科技			
国家科技型中小企业	家	300	42
高新技术企业	家	500	33
技术合同成交额	亿元	56	86.5
省级以上科技创新平台	家	110	——
金融			
年末全市金融机构本外币存款余额	亿元	3976.3	11.3
年末全市金融机构本外币贷款余额	亿元	1337.6	4.1
企（事）业单位贷款	亿元	951.2	65.4

资料来源：黑龙江省大庆市人民政府《2022 年大庆市国民经济和社会发展统计公报》。

1. 打造龙头引领的先进制造区

打造先进制造业的优势集群，以石油、石化、装备和食品等产业为重点推动龙头企业带动整个产业链的延伸和协同发展，培育形成 3~5 个千亿级的产业集群。同时，鼓励龙头企业建立工业互联网平台，提供行业性和专业性的工业互联网服务场景，从而为中小企业提供共享化的赋能。此外，还要推动制造业与现代服务业的深度融合，加快向价值链两端延伸，实现转型为服务化的目标。

2. 打造产业互补的集聚产业园区

加快推行"6 个 1"运行机制，推动各产业园区做大做强主导产业。有序开展产业园区工业（新型）基础设施和生产性配套设施建设，提升园区的承载能力。同时，建立合作园区利益协调共享机制，鼓励园区间的区域一体化发展，加快推进杜尔伯特、林甸经开区与大庆经开区，红岗、大同经开区与高新区的合作共建。此外，引导优势产业向产业园区集中，并引进具有带动能力的龙头型、基地型和补链型项目，以促使这些项目向园区聚集。力争到 2025 年，大庆市高新区综合实力由全国第 51 名晋升到 30 强，主营业务收入达到 3000 亿元，挺起全市经济的"龙头"。

3. 打造方式灵活的招商投资示范区

持续开展精准招商，健全完善"专班 + 园区""目标 + 考核"的招商引资新机制，实行领导挂帅、高位推进、专班统领、市县区联动，创新产业链招商、"转移性"招商、专业化招商、工业地产招商等方式方法，紧盯长三角、珠三角、京津冀鲁豫等产业转移承接，着力引进重大产业项目和战略投资者。实行从招商引资到项目落地、投产达效的全周期服务，建立招商引资项目要素保障机制，加大用地、用能、环境容量、人才、融资等方面统筹协调力度，打造要素资源集聚的投资洼地。"十四五"期间，力争全市招商引资到位资金年均达到 350 亿元，每年新增中外 500 强企业、央企和行业龙头民企投资产业项目 5 个以上。

4. 打造普惠绿色的金融服务区

增强金融服务实体经济能力，加强普惠金融和绿色金融体系建设。针对民营和小微企业融资难题，合理设计开发金融产品，支持开展知识产权、商标权、订单、仓单等质押贷款创新。深化供应链金融服务，促进重点产业链上下游企业融资。加大制造业支持力度，提高中长期贷款比例。推广"信易贷"模式，鼓励银行机构提高信用贷款比重。加强事前、事中、事后管理，规范产业基金运营，更好发挥财政资金引导放大作用。持续深化中小微企业信用体系建设，拓展金融信用信息应用，大力提升融资便利度。搭建融资担保、应急周转、贷款贴息、保险保障等"政银保担"风险缓释平台，进一步优化金融服务环境。

三、加快国家自主创新示范区发展的政策建议

（一）转变政府职能，优化营商环境

加强政府的服务建设，创造良好的商业文化，以转变传统的服务观念为导向。持续深化"放管服"改革，建立良好的营商环境。为实现资源型城市的转型，需要长期战略规划，综合考虑城市转型中的突出问题，并系统地推进体制机制的改革。从转变政府职能入手，将优化营商环境与经济发展方式转变和产业结构优化紧密结合，推动政商关系发展，充分发挥市场的决定性作用。同时，加快构建营商环境评价体系指标，建立适合大庆市自主创新示范区的评价体系，并根据此体系为未来的营商环境建设和发展提供数据支持，还可以将营商环境指标作为政府政绩考核的依据。

（二）鼓励技术创新，加强产学研合作

培育技术创新市场，需要扩大技术市场规模和服务范围，激发各类技术市场主体的活力，并实现技术要素的自由流动。特别是要加强技术创新市场主体与各大高校、科研院所等的技术交流和合作。同时，应该加强经济产业园区建设，优化技术配套，增加技术研发投入，完善自主创新激励机制，提高重点产业的自主创新能力。积极协调各方建立健全的创新机制，以大庆市主导产业技术链为纽带，加强市场资源管理，充分利用市场资源来提供资金支持和引进新技术。此外，还需要充分适应

开放型市场带来的技术国际化趋势，加强高新技术领域的国际合作，有针对性地引进一些先进、适用且经济的技术。在引进这些技术的基础上，学会吸收并进行创新，从而提高主导产业集群的自主创新能力。大庆市自创区主导产业集群具有多学科交叉、产业技术群体性强、技术创新协同性高等特征，因此，有效配置各类资源、加速产学研一体化、构建技术创新网络是提高其主导产业集群竞争力的有效举措。

（三）持续聚焦塑造良好的引才环境、金融环境

完善人才保障体系，应该借鉴其他城市有关吸引人才的引才政策，并激发人才活力，营造一个能够吸引人才、留住人才的良好城市环境氛围。同时，还需要制定完善的人才政策体系，明确规定人才标准、引培方式、扶持政策、激励培养等，并加大监督力度，确保人才政策得以有效实施，为产业可持续发展注入长久的活力。此外，政府应积极牵头营造良好的金融环境，制定相关财政和税收倾斜的政策法规，拓宽融资渠道，帮助解决中小企业融资难的问题。针对大庆市主导产业发展的重点领域，应设立政府引导与市场化运作的重点产业专项基金，推进核心技术和前瞻技术的创新发展。政府还应积极调动证券市场和风投机构的注资积极性，加强对核心技术产业和中小微科技型企业的指导，拓宽产业发展的融资渠道。

（四）聚焦主导主业，打造完整产业链

聚焦"3 + N + 1"主导产业体系，集中建设一批能够立足市场、具备省级影响力的产业龙头项目，以此形成支撑大庆乃至整个黑龙江经济转型升级的强大新动能，同时也要构筑大庆市地方经济发展的产业高地和战略要地。此外，还需要提高高新技术企业在对外合作方面的水平和层次，重点加强技术和资本层面的合作，而不仅仅是简单的代理加工和低端制造。加大培育核心技术的支持力度，减少对其他国家或跨国公司技术的依赖，从而形成完整的产业链结构，推动主导产业集群的发展壮大。

第三节　齐齐哈尔国家自创区科技创新
协同发展的实践与创新

一、齐齐哈尔自创区现有政策概述

由 2005 年获批成为第一批省级开发区至 2022 年 5 月获批建设国家自主创新示范区，齐齐哈尔国家自主创新示范区经历了近 20 年的建设历程。2005 年 12 月，国家五部委审核通过其成为国务院备案并公告的第一批省级开发区，核准建成面积为 3.31 平方千米。同年，哈大齐国家级高新技术产业带被科技部批复建立，齐齐哈尔自创区成为了其中的重要组成部分。2006 年，黑龙江省政府按照"一点两片"的格局建设，又重新将其发展方向规划为齐齐哈尔高新技术产业开发区，选择"一点"为集中建设区，分别在南北市区划出一块为政策指导区。2010 年 11 月，国务院批准齐齐哈尔高新区晋升为国家级高新区，开始打造创新驱动发展示范区和高质量发展先行区。2017 年获批国家低碳试点园区。2018 年获批国家高端人才引领型特色载体。2019 年获批国家级科技企业孵化器。2020 年获批国家精密超精密制造主题园区。2021 年获批国家企业创新积分试点园区，实现主营业务收入 690 亿元。2022 年 5 月获批建设国家自主创新示范区，增加了 20 平方千米作为战略新兴产业园区，为国家自主创新示范区建设赋能助力，重点培育壮大经济发展新动能、加快新旧动能接续转换增添更强劲的创新引擎，立下在 2025 年实现千亿级园区的目标。

齐齐哈尔自创区共培育了齐齐哈尔孟维机床制造有限公司、黑龙江省黑沃土生物科技有限公司、齐齐哈尔市极致科技有限公司等高新技术企业；拥有飞鹤集团、北大仓白酒研发中心、桉华民爆、阿贝力特等总部经济企业 4 家；雪光软件、铭科电子、海康卫士、浪潮科技、图源科技等数字经济企业 7 家；磐芯科技、黑沃土生物菌剂等生物经济企业 2 家。自创区建有 4 个院士工作站，26 个技术创新中心，5 个省重点实验室用于作为工程技术的研究中心①，成立了新型研发机构东北精密智能制造产业研究院，依托研究院来加强与 G7 高校联盟之间的合作，同时搭建各类创新平台，让企业与各高校院所之间建立紧密联系。例如，齐齐哈尔自创区与哈尔滨工业大学联合创建的高端制造共享平台，创造了全国服务模式的先例，运用世界领先的服务设备，以高端装备制造业为核心，由哈工大科研团队牵头负责专业的技术支持与服务，创造了一个具有完善的公共服务与双创支持体系的创新共享平台，这为齐齐哈尔市传统制造业的优化升级提供了坚强的技术支撑。

二、齐齐哈尔国家自创区的创新实践

齐齐哈尔自创区最初从单一工业园区起步到现在发展为科技园区、产城融合区，经济地位相当于城市副中心，一直致力于创新驱动发展区以及高质量发展先行区的打造。在市委、市政府的帮助下，齐齐哈尔自创区不再只是简单地发展装备制造和深加工绿色食品产业，而是依托 12 个重点产业的装备制造整机、基础零部件、金属新材料、现代服务业等把握创业创新的契机，未来主要走加速孵化的路。齐齐哈尔市不断延伸其装备工业的产业链，提升其价值链，寻求更完善的供应链，通过深入的科技研发，开发了一系列以清洁能源为主的产业，并且突破了许多以前没有完成的核心技术，产生了一批领先的创新产品。自创区还先后与齐齐哈尔大学、齐重数控共同搭建政校企合作平台，主要开展产业关键性技术研发、科技成果转化和产业技术服务，梳理出国内智能机床 21 项"卡脖子"技术逐项进行攻关，2022 年，已有 2 项技术进入科技成果转化市场化阶段，分别为数控机床物联网云平台软件开发和基于数字孪生的数控机床虚拟监控系统开发，并已与上海航天技术研究院签署

---

① 资料来源：中国高新网，http://www.chinahightech.com/.

合同订单，应用于运载火箭、应用卫星等产品，为其解决智能制造数据分析和可视化问题等需求。2022 年，自创区还将重型机床热误差分析及补偿技术的应用研究、基于激光超声的增材制件缺陷检测数值模拟研究等 7 项技术列入市委年度创新试点行动目标任务，产业链创新后劲十足。齐齐哈尔市市委、市政府立足自身具备的装备制造业优势资源，顺应国家提倡的装备制造业向中高端发展的战略，实施了《齐齐哈尔市精密超精密制造产业发展规划（2021—2030）》来推动全省以及全国的装备制造业结构调整和提档升级，目前齐齐哈尔市有近百个精密制造相关企业项目。同时，自创区引进哈工大索来春等离子抛光技术创新团队、德达制造有限公司技术团队等各类人才，帮助园区企业向价值链高端延伸。自创区的发展范围已经达到 20 平方公里，影响着"一区五园"等区域的共同发展。近几年，齐齐哈尔自创区主营业务收入每年平均递增 15% 以上。

为了未来的高质量发展，齐齐哈尔自创区在既有的产业、政策、载体等优势下，提出四条路径来打造创新创业高地，即提升产业的创新水平、加快创新的孵化进程、建立孵化的支撑平台、完善平台的服务体系。在提升产业的创新水平方面，齐齐哈尔自创区首先把传统产业的升级改造放在首位，同时引导区域内重点产业通过建立的各类创新平台深入研发来实现产业的创新发展。找准传统优势产业的可升级点，利用技术升级、合作共进、品牌效应等方法加速其产业链、供应链、价值链走向中高端。其次是探索具有潜力的新兴产业。增加产业招商力度，在产业链上下游下功夫，通过宣传会、落地推荐等多种手段扩大新兴产业的企业及其产品的知名度，让新产品、新服务更快走向现实，从而提升新兴产业的影响力。最后是提升企业的核心竞争力。引导中小企业提升专业能力、培养创新能力，精准发掘其资源及优势，走自身特色的发展路子。鼓励各行各业依托技术创新来提高产业发展能力，支持研发人员敢于尝试敢于挑战、勇于创新。抓住世界技术前沿，不断提高自主创新的能力，从而打造出企业自身的核心竞争力。

在加快创新的孵化进程方面，积极探索"归集—孵化—小试—中试—加速—产业化"科技创新全链条垂直孵化体系，着力构建全要素创新创业生态圈。针对重点产业，齐齐哈尔市从创新资源、资本、人才三个方面入手集中起来促进本市的创新孵化工作。为了推动创新发展战略，齐齐哈尔市始终将建设孵化器作为重点工作内容，其精密智能制造创新基地项目受黑龙江省的大力支持作为百大项目工程建设顺利，2021年底已经完成 1 号、2 号产业加速器的主体建设。目前总孵化面积达到了 13 万平方米，可服务加速企业 20 户、孵化企业 300 户①，极大地促进了齐齐哈尔自创区的整体孵化及其加速水平，为全市装备制造业的技术升级提供了巨大支撑，为优化升级传统制造业提供了坚强保障。

在建立孵化的支撑平台方面，建立了六大平台。一是物理空间载体平台，包括 5 个用于创新创业的孵化器，其中高新智谷已先后承接了本市的"智汇鹤城"人才创新创业周、两届双创大赛、两届工信部高校联盟论坛等大型活动与赛事。高新智谷还多次接待国家、省市相关部门深入调研指导，累计接待近万次。二是神光—Ⅲ科学家团队专业运营的高端制造技术创新共享平台，该平台拥有领先世界的高级设备，为自创区范围的企业提供技术支持，为创新战略性产业提供技术研发支持，为各高校院所与企业的创新合作培训提供场地支持。三是面积达 1000 平方米的科技成果转化平台，平台分为 4 个展区，分别有世界领先板块、中国领先板块、军民融合板块以及科技创新板块。平台除了提供发布供求信息、产权交易、产品展示、政策公布等基本功能外，还具备交互综合、一站式、常态化的科技服务。为了实现线上精准对接，打造了线上平台科淘网来更好地完成线下精准服务。四是金融支撑平台，建立专门的金融孵化器，吸引证券、保险、债券、投资基金、股权交易及金融配套服务等机构，打造一体化的金融服务体系。成立专门的担保公司，扩大规模；设立孵化器创新投入专项基金；与哈尔滨银行联合投资、吸纳黑龙江银行的无息贷款用于创业项目。引进本省知名投融资机构形成科技、金融、经济、创新发展一体化趋势。五是人才服务平台。打造创新

---

① 资料来源：中国产业经济信息网，http://www.cinic.org.cn/.

型人才发展基地，成立人才储备交流服务中心，通过吸贤方式聘用专业型高层次人才。引入黑龙江省工业研究院、瑞兴碳纤维研究院、中国科学院长春生物研究所、飞鹤乳品研究院、中国科学院地理研究所等知名科研机构；引入超精密机床研发团队、华工力矩电机团队、翔科金属新材料团队、哈工大神光—Ⅲ项目团队等12个省级以上研发机构，培养了千名以上的专业技术人才。六是公共服务平台。设立办理建设、土地、环保、规划等相关审批事项的政务中心延伸窗口、设立工商事务服务窗口以及提供商务、会务、法务、物业等近30项综合服务的业务窗口。

在完善平台的服务体系方面，为提供更优质的服务，强化政策服务力度，自创区针对其投融资服务、科技创新、产业发展等政策自查疏漏点和缺陷，不断完善流程，同时把握政策兑现，将最新信息资源传递给各企业。进一步完善服务企业体系，提供项目跟进、培育、成长一条龙服务，切实解决项目面临的一切困难。颁布了《入孵协议》和《孵化器运营管理办法》等一系列规章制度，深化服务的本质，完善服务平台功能，实行特色监督体系保障服务工作质效，优化双创服务环境。

三、齐齐哈尔国家自创区的创新评价

齐齐哈尔国家自主创新示范区评价指标如表7-2所示，据邓正红软实力评估情况来看，2022年齐齐哈尔自创区软实力价值20.08亿元，较上年增4.72亿元，增幅30.73%；软实力指数0.2794，较上年提升1.88个点；价值创造指数0.5209，较上年提升350个基点。从国家自创区对所在城市软实力价值贡献率看，齐齐哈尔自创区对齐齐哈尔市软实力价值贡献率为20.87%，较上年14.46%的贡献率提升6.41个百分点。从国家自创区价值创造潜力与所在城市价值创造潜力比较来看，齐齐哈尔自创区软实力指数高于齐齐哈尔市7.41个点，较上年4.27个点的高差增高3.14个点。从国家自创区价值创造水平与所在城市价值创造水平比较来看，齐齐哈尔自创区价值创造指数高于齐齐哈尔市1381个基点，较上年797个基点的高差增高584个基点[①]。

表7－2　　齐齐哈尔国家自主创新示范区评价指标（2023年）

类别	单位	数值	同比增长（%）
地区生产总值	亿元	1327.6	1.6
人均地区生产总值	万元	3.4036	3.1
财政总收入	亿元	194.6	15.9
财政总支出	亿元	640.6	4.3
进口总额	亿元	39.5	4.4
出口总额	亿元	54.9	1.5
社会消费品零售总额	亿元	357.4	7.7
城镇居民人均可支配收入	元	35747	3.3
农村居民人均可支配收入	元	22174	6.7
工业			
规模以上工业企业户数	户	419	—
规模以上工业企业资产总额	亿元	1990.5	－11.0
规模以上工业企业营业收入	亿元	1152.7	－6.1
科技			
实施市级科技计划重点项目	项	18	
科技成果验收	项	475	
全年认定技术合同	项	523	
金融			
年末全市金融机构本外币存款余额	亿元	3664.2	11.2
年末全市金融机构本外币贷款余额	亿元	1847.9	8.7

资料来源：黑龙江省齐齐哈尔市人民政府《2023年齐齐哈尔市国民经济和社会发展统计公报》。

---

① 资料来源：邓正红软实力研究应用中心。

四、加快齐齐哈尔国家自创区发展的政策建议

依托哈大齐国家自创区总的发展目标，齐齐哈尔片区自身要实现的进程包括：三年内初步建成老工业基地转型升级样板区、已建设完成的创新创业生态标杆区实现预期成果、对俄及东北亚开放先导区发挥出重要协同作用、体制机制改革创新试验区获得显著成效、改革创新高地达到高质量水平。即针对重点产业行业的改革实现新突破，老旧产业实现升级优化，园区内企业自主创新能力大幅提升，双创环境不断完善，整体实现开放协同创新格局。

自创示范区布局定位是：坚持"一区多园"、协同共创，在国务院审核公告确定的四至范围基础上，将建设和政策覆盖区域拓展至以齐齐哈尔高新技术产业开发区为核心区、新兴产业区为扩容区、多个重点产业园为辐射区的范围。齐齐哈尔自创区为核心区，重点发展精密超精密和高端制造产业，培育数字技术、高端技术、前沿技术型企业，打造齐齐哈尔科创总部基地。新兴产业区为齐齐哈尔自创区扩容区，是战略性新兴产业集中发展区，重点发展数字经济、生物经济、冰雪经济、创意设计等新兴产业，打造战略性新兴产业集中发展区。重点园区龙沙、建华、铁锋、昂昂溪、梅里斯、富拉尔基、富裕、讷河等产业园为齐齐哈尔自创区辐射区，是"一区多园"组成部分，重点发展重型数控机床、轨道交通装备、冶金装备、新能源装备制造、食品加工、新材料、生物等产业，打造传统优势产业集聚区。

根据《齐齐哈尔市国民经济和社会发展第十四个五年规划和二〇三五年远景目标纲要》的精神，推动哈大齐国家自主创新示范区的建设，自创区未来走向如下：

第一，创新驱动发展实现新突破。创新驱动内生动力全面激活，培育多个领先全国的科技创新平台，解决一批"卡脖子"关键核心技术。加快培育精密超精密制造、生物技术、数字经济三大新动能，以精密超精密制造带动装备制造业整体提升，以生物技术深度应用推动"农头工

尾"向价值链高端迈进，以数字经济赋能实体经济加速发展，将自创区打造成以精密超精密为引领的哈大齐国家自主创新示范区，竞争新优势加快形成。创新创业环境明显优化，创新人才进一步集聚，科技创新对经济发展的支撑能力大幅提高。

第二，提升产业链现代化水平。要实现全产业链的完善升级，就要针对不同行业制定不同的战略措施，从而促进产业高质量发展，使得资金链、创新链、产业链、供应链环环相扣，达到最优状况。实施产业链提升工程。以 12 个重点产业链条为主攻方向，发展其创新能力及产业附加值，重点提升企业领导产业生态发展的能力，实现产业链条高级化。提升产业链供应链稳定性和竞争力。建立产业链供应链清单图谱，实施"链长制"，推进建链、补链、延链、强链。依托龙头企业，分类组建产业链上下游企业共同体，增强高端重型装备、重载铁路货车、高端数控机床、婴幼儿配方奶粉等主导产品本地配套能力，提高关键零部件、生产资料和原材料稳定供应水平。

第三，打造制造业优势产业集群。实施产业集群建设工程，发挥上游带动作用，全产业链紧密结合、协同发展，壮大装备制造、食品加工、生物医药三大千亿级产业集群。装备制造产业集群以中国一重、中车齐车、齐重数控、建龙北钢、紫金铜业等企业为核心，以高端装备、新材料等产品为方向，提高本地企业从材料到整机的协作配套能力和水平，支持企业从制造向"智造"转型，推动产品向精密超精密等高技术、高附加值领域拓展。食品加工产业集群以飞鹤乳业、龙江元盛、牧原牧业、东方希望等企业为核心，以优质农副产品、乳肉酒水制品等产品为方向，加强加工原料、核心辅料、包装材料和冷链物流等领域的稳定供应和协同配套，推动"粮头食尾"发展"中央厨房＋食材冷链配送"等新模式提升价值链，将齐齐哈尔打造成为全国绿色高端有机食材大厨房。生物医药产业集群以益海嘉里、华瑞制药、龙江阜丰等企业为核心，以原料药、医药中间体、现代中药、医疗器械等产品为方向，加快招大联强引进国内优势企业，扩大产业规模、提升质量效益。

第四，加快推进产业园区建设。顺应创新体制机制继续园区建设进程,实现产业聚集,注重每一个项目的建设,培养园区整体化发展水平,走产业规模化的发展路线。按照市场化的方式创新融资模式,拓宽资金来源渠道,利用地方政府债券、土地出让金和相关专项资金支持产业园区基建,继续扩大产业园区的服务范围。合理利用现有闲置资产,实施工业地产运营模式,做到土地的最大程度利用;清退"无用企业",实现产业整体的协同发展。支持自创区建设"创业苗圃 + 孵化器 + 加速器 + 产业园区"全链条孵化服务体系,支持省级产业园区建设创业创新中心、众创空间、孵化器和加速器,建立"专班 + 园区""目标 + 考核"招商引资新机制,实现园区建设、招商、管理和服务市场化运营,激发产业园区发展动能和活力。

第五,大力发展精密超精密制造产业。瞄准精密超精密制造方向,抓住产业基础再造契机,持续扩大精密超精密制造产业集群,打造成为全国知名的精密超精密制造基地,带动装备制造业整体提升。立足齐齐哈尔产业和技术基础,以打造 1 个主题园区为核心,以建设 2 个研究院、3 个中心、4 个专业园为支撑,以聚焦若干重点发展领域为突破,构建"1 + 2 + 3 + 4 + N"精密超精密产业体系。争取在 2032 年前实现精密超精密装备制造加工能力的重大提升,打造独特的、领先的、先进的、协同的、完善的全国最强最大精密超精密制造产业集群,形成良好的产业生态,持续提高精密超精密制造行业的影响力,形成"有精密超精密生产加工需求就到齐齐哈尔"的品牌效应。到 2025 年,全市精密超精密制造企业达 500 户,总产值达到 500 亿元。围绕全面提升精密超精密制造能力,加强政府引导,凝聚行业共识,汇集社会资源,深入实施创新工程、强基工程、设施工程、升级工程、信息工程和调质工程等精密超精密六大工程,进一步提高精密超精密研发能力、加工能力、检测能力、工艺水平、智能化水平和后处理能力,着力突破制造业发展的瓶颈和短板,抢占未来竞争制高点。加强要素保障,建立全市精密超精密制造领域能力建设清单,对列入清单的企业实施包保责任制,最大限度降低精密超精密制造企业生产成本。加大政策扶持,利用好政府和市场两个渠道,通过债券发行、项目支撑、投入倾斜、资金整合等多种方式加大资金投入，撬动更多社会资本共同参与。着力集聚人才，加大各类各层次人才的培育、引入、合作力度，建立精密超精密人才库。强化品牌建设，定期组织各类培训、论坛、博览会、政策发布、成果展示等活动，建立健全产业标准体系，逐步形成具有更多自主知识产权的名牌产品，持续提升精密超精密产业影响力和核心竞争力。

第六，加快发展数字经济。抢抓国家发展数字产业政策机遇，加快推进产业数字化，大力发展数字产业，使其更好地与实体经济结合起来，不断壮大数字赋能的重点产业规模。促进农业数字化转型，建设农业公共数字化服务平台，发展高精度农机作业导航监测、植保无人机航化作业，提升农机装备数字化水平，着力建设一批集精准化生产、可视化管理、智能化决策于一体的数字农场、数字农业示范基地，扶持发展一批农业数字化服务公司；实施工业数字化改造，推动装备制造业企业数字化转型，提升精密超精密制造产业数字化水平。加强数字标准化建设，依托中国一重、中车齐车、飞鹤乳业等行业龙头企业建设工业互联网标识解析综合二级节点。推动数字双向共享，与大型数字平台企业联合建设工业互联网平台，加快形成云上管理，打通产业链上下游，建设工业互联网产业示范基地，打造自创区数字化智慧园区，协同建设智能制造哈大齐先导区；加快服务业数字化升级。推广信息技术在传统服务领域的深度应用，支持直播带货、远程医疗、呼叫中心和平台经济、体验经济等新业态新模式加快发展。

第八章

科技创新区域协同发展的国内经验

第一节 京津冀科技创新协同发展的主要做法与经验

一、中关村国家自创区科技创新协同发展的实践与创新

中关村国家自创区的政策体系（见图 8-1），从纵向来看，既有宏观层面的纲领性文件，也有中观层面的政策措施，同时还有微观层面的实施细则；从横向来看，既有规范管理运行体制的，也有优化服务、强化保障、营造环境的，同时还有科技创新各方面的政策创新。为加快建设中关村国家自创区，重点在股权激励试点、科研经费管理体制改革试点、支持创新创业税收政策试点、自创区高新技术企业认定试点、工商管理体制改革试点、社会组织管理体制改革试点、品牌和标准试点、企业检验检疫及通关服务等方面开展先行先试政策制定和落实。

（一）统筹顶层设计

纲领性文件的出台为促进和保障中关村国家自主创新示范区建设提供了法律保障，同时对中关村国家自创区建设提出了支持创新创业主

体，推动科技研发、成果转化和知识产权保护，深化科技金融体系建设，加强示范区规划、建设的统筹，加强政府服务创新创业的能力 5 个方面的建设内容，从法律层面对自创区的政策创新提出了指导性方向意见，主要政策如表 8 - 1 所示。

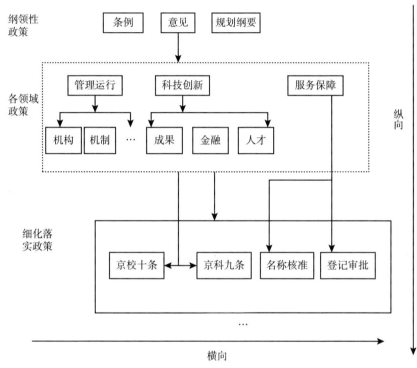

图 8 - 1　中关村国家自创区政策体系

表 8 - 1　　　　　中关村国家自主创新示范区主要政策

政策名称	文件号	出台部门
《关于建设中关村国家自主创新示范区的若干意见》	京发〔2009〕11 号	北京市委、市政府
《中关村国家自主创新示范区发展规划纲要（2011—2020 年)》	发改高技〔2011〕367 号	国家发改委

政策名称	文件号	出台部门
《中关村国家自主创新示范区条例》	北京市第十三届人民代表大会常务委员会第二十二次会议	

（二） 规范管理运行

为确保中关村国家自创区建设工作的顺利开展，加快各项创新政策的落实，北京市机构编制委员会出台了《中关村科技创新和产业化促进中心组建方案》（京编委〔2010〕44 号），并获得国务院批复，作为"1 + 6"先行先试政策中的"1"组织实施。方案要求北京市政府会同中关村国家自主创新示范区部际协调小组相关部门，共同组建中关村科技创新和产业化促进中心（即中关村创新平台），下设重大科技成果产业化项目审批联席会议办公室、科技金融工作组、人才工作组、新技术新产品政府采购和应用推广工作组、政策先行先试工作组、规划建设工作组，负责落实中关村国家自创区建设的各项重大决策，对跨层级审批和跨部门审批加强协调和督办，促进重大科技成果产业化，构建有利于政策先行先试的工作机制。该政策的出台及落实，建立起高效运转的中关村国家自创区运行的管理体制，有利于推动各项政策的落实，对加快中关村国家自创区的建设起到了关键作用。

（三） 推进科技创新

如图 8 - 2 所示，首先就是中关村国家自创区率先实施的"1 + 6"先行先试政策中的"6"，即科技成果处置权和收益权、股权和分红激励、税收、科研项目经费管理、高新技术企业认定、建设统一监管下的全国性场外交易市场实施 6 项新政策。2013 年，中关村再次开展"新四条"政策试点，主要是高新技术企业认定中文化产业支撑技术等领域范围、有限合伙制创业投资企业法人合伙人企业所得税、技术转让企业所得税、企业转增股本个人所得税共 4 项税收政策。"1 + 6"和"新四条"政策的实施，在深化体制机制改革、优化中关村创新创业生态系统、进一步完善协同创新和融合创新体系等方面，发挥了积极作用，取得了显著成效。这些政策强力推动中关村建设取得显著进展，并且大部分政策在取得良好成效的情况下，逐步向全国推广，对我国的创新驱动发展战略起到了积极作用。

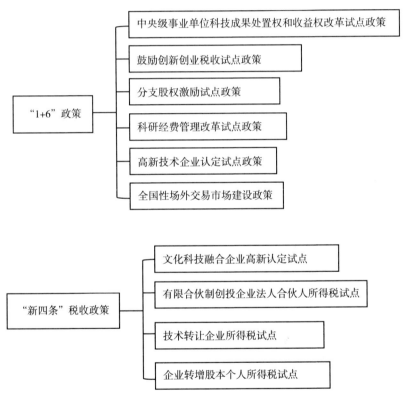

图8-2　中关村国家自创区"1+6"政策和"新四条"税收政策框架

如图8-3所示，在人才建设方面、科技金融结合方面、推进服务业发展方面、生物医药及信息产业发展、政府采购、军民融合等方面，均出台了一批先行先试的政策措施。

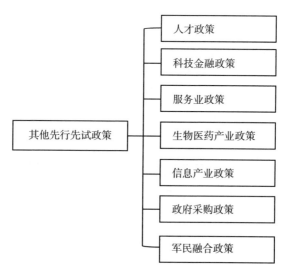

图 8 - 3   中关村国家自创区其他先行先试政策框架

（四）强化服务保障

按照"放管服"改革要求，进一步规范政府管理，国家工商行政总局出台了《关于支持中关村科技园区建设国家自主创新示范区的意见》（工商办字〔2009〕200 号）和《关于促进中关村国家自主创新示范区创新发展的若干意见》（工商办字〔2015〕161 号）。在此基础上，北京市工商行政管理局陆续出台了《中关村国家自主创新示范区企业名称自主预查管理办法（试行）》（京工商发〔2016〕9 号）、《关于优化审批程序简化登记手续支持中关村示范区企业发展的意见》（京工商发〔2016〕11 号）等政策，进一步优化了中关村国家自创区的创新创业环境。

（五）加强细化落实

在国家相关部委出台各项支持中关村国家自创区建设的创新政策的同时，为确保"1+6"和"新四条"政策真正能够执行，能够落实落地，发挥作用，北京市相关部门陆续出台了一批落实和配套政策。特别在"新四条"政策落实方面，北京市相关部门转发政策的同时，制定了具体落实的细则和管理办法，推动政策落实。在落实国家相关政策的同时，北京市相关部门也在法定职权范围内，开展政策创新探索，围绕科技成果转移转化分别出台了支持高校的《加快推进高等学校科技成果转化和科技协同创新若干意见（试行）》（京政办发〔2014〕3号）。

二、天津国家自主创新示范区科技创新协同发展的实践与创新[①]

（一）创新体制机制

1. 建立服务京津冀协同发展的决策机制

一是支持在示范区创新服务京津冀协同发展的体制机制，优化区域科技协同创新能力，聚集和利用高端创新资源，积极开展科技项目研发合作，打造自主创新的重要源头和原始创新的主要策源地。支持示范区承接科技类非首都功能疏解项目，促进优秀科技成果有效转化。天津市加强对示范区建设的组织领导，统筹规划发展，决定重大改革措施，研究解决示范区建设和改革中的重大问题。管委会承担示范区决策协调机制日常工作。天津市和示范区人民政府有关部门应当按照各自职责和决策协调机制的工作要求，在规划编制、政策实施、项目布局、资金安排、体制创新、试点示范、扩大开放等方面支持示范区的建设和发展。

二是扩大自主权利。天津市人民政府及其职能部门积极支持示范区自主发展，除依法应当由天津市人民政府管理或者需要全市统筹的重大事项以外，将市级管理权限授权或者委托管委会行使。具体事项由天津市人民政府规定除法律、行政法规规定实行垂直领导的以外，市级行政管理部门不向示范区派出机构。

---

① 笔者根据《天津国家自主创新示范区条例（2020）》的内容整理而得。

三是建立激励机制和容错机制。在示范区建立健全激励机制和容错纠错机制，鼓励探索创新、干事创业。对因改革创新、先行先试出现失误的，按照有关规定从轻、减轻处理或者免除责任。

2. 完善创新环境和创新机制

一是在示范区营造稳定、公平、透明和可预期的创新环境，为企业投资经营提供优质高效的服务、配套完备的设施、共享便捷的资源，平等保护市场主体的合法权益。在示范区建立实验室、大型科学仪器设备、科技文献、科技数据等科技资源开放共享和激励机制，引导各类科技资源面向社会提供服务。利用财政性资金或者国有资本购置、建设的实验室、科学仪器设施，按照有关规定对社会开放共享，为组织和个人开展自主创新活动提供服务。自有资金形成的科技资源向社会提供服务的，按照有关规定给予奖励。

二是建立鼓励企业、高等学校、研究开发机构等协同创新的机制。设立创新创业孵化服务机构和公共服务平台，在示范区设立创新创业孵化服务机构，建设专业技术平台和公共服务平台，为创新创业主体提供技术资源支持、信息资源整合以及融资对接等创新创业服务。

三是建立创新合作组织及研发机构、创新共同体。支持企业、高等学校、研究开发机构、风险投资机构在示范区共建产业技术创新联盟、知识产权联盟等创新合作组织。鼓励示范区内符合条件的创新合作组织依法办理法人登记，政府有关部门应当在法人注册登记等方面提供支持。鼓励在示范区设立新型研发机构，支持其建立科学化的研发组织体系和内控制度，加强科研诚信和科研伦理建设，根据科学研究、技术创新和研发服务实际需求，自主确定研发选题，动态设立调整研发单元，灵活配置科研人员、组织研发团队、调配科研设备。鼓励创新型企业牵头高等学校、研究开发机构和产业链上下游企业，在示范区联合组建创新共同体，建设创新中心，围绕优势产业、主导产业，瞄准国际前沿技术强化攻关，在重大关键技术和产品上取得突破。

3. 加强知识产权保护力度

一是对示范区主导产业的知识产权申请提供优先审查通道，实现快速审查、快速确权、快速维权。在示范区支持知识产权证券化等基于知识产权的金融创新，支持知识产权服务机构开展知识产权咨询、代理、评估、质押融资和托管运营等服务。

二是加快知识产权的运营转化。鼓励高等学校、研究开发机构在示范区组建知识产权运营机构，进行知识产权资产管理，开展科技成果转移转化；鼓励社会资本设立知识产权运营公司，开展知识产权收储、开发、组合、投资等服务。支持企业、高等学校、研究开发机构和创新合作组织在示范区开展或者参与标准化工作，在重要行业、战略性新兴产业、关键共性技术等领域利用拥有自主知识产权的创新技术制定高于推荐性标准相关技术要求的团体标准、企业标准。鼓励企业、高等学校和研究开发机构参与国际标准化活动。

三是鼓励在示范区设立科技成果转移转化服务机构，开展科技成果转移转化活动。高等学校、研究开发机构可以采取知识产权转让、许可他人实施、作价投资等方式转移科技成果，或者自行实施科技成果转化。涉及国家安全、国家利益和重大社会公共利益的科技成果的转移转化，按照有关法律、法规规定执行。

（二）加强科技金融支持

1. 实现金融产品、服务模式创新

一是天津市人民政府有关部门支持科技保险、互联网银行等金融持牌机构和创业投资机构在示范区注册或者设立分支机构，支持在科技金融产品、服务模式等方面的创新。鼓励各类引导基金支持示范区科技型企业发展。

二是建立风险补偿机制。通过建立贷款风险补偿机制等方式，为金融机构对示范区内企业开展知识产权质押、信用贷款、信用保险、贸易融资、产业链融资等提供支持。鼓励企业开展股份制改造和挂牌上市，支持企业开展股份转让、融资、并购等，利用多层次资本市场加快发展。

三是强化专营机构、科技平台建设。鼓励商业银行在示范区设立科

技金融专营机构；鼓励相关服务机构和组织在示范区建设科技金融服务平台，开展信息对接、金融资源集聚和整合等活动。

2. 实施投贷联动试点和专项资金支持

一是实施投贷联动试点。建设投贷联动服务中心，形成各级政府、试点银行业金融机构及其集团投资子公司信息交流机制、融资项目推荐机制、专家服务机制和联合工作机制。以服务中心为平台，建立科创企业大数据库。支持投贷联动试点金融机构落户天津高新区。对于试点银行业金融机构在天津高新区新注册的投资功能子公司，按照实缴注册资本的2%给予一次性奖励，最高不超过500万元；租用办公场地的，给予连续3年100%的房屋租金补贴，每年最高不超过50万元。支持试点银行业金融机构本集团投资子公司在天津高新区开展天使投资和创业投资业务。投资天津高新区科技型中小企业（项目）数量不低于5个或总投资额不低于1000万元的，可按实际投资额的3%给予投资奖励，每年每家机构最高不超过1000万元。

由高新区出资设立"投贷联动风险缓释资金池"，试点银行按照不超过资金池10倍的规模对科创企业发放贷款，对单个企业或单个实际控制人名下企业的贷款总额不超过500万元。当投贷联动业务出现贷款逾期时，试点银行将从"投贷联动风险缓释资金池"获得50%的逾期贷款本金代偿；同时，由试点银行启动天津市中小微企业贷款风险补偿金申请及债权追偿，风险补偿金和追偿所得总额的50%回补"投贷联动风险缓释资金池"。鼓励试点银行业金融机构在提高贷款风险的容忍度等信贷机制体制上突破创新。对于试点银行业金融机构将投贷联动贷款的不良率上限设定在天津市平均不良贷款率2倍，按照当年该试点银行在天津高新区投贷联动贷款总额的5%。给予奖励，最高不超过500万元。支持天津高新区科创企业以投贷联动的方式进行融资，迅速发展壮大。对于同时获得试点银行业金融机构及其集团投资子公司融资服务且当年经济贡献突出的科创企业，按当年贷款总额给予利息补贴，补贴标准为同期贷款基准利率的50%，最高不超过100万元。

二是管委会设立企业发展专项资金，支持示范区内企业开展科技创新、产业发展、人才引进、平台建设、挂牌上市等活动，提升企业自主创新能力和市场竞争力。

（三）实施人才支撑战略

1. 注重人才培养

一是管委会制定创新创业型人才发展规划，建立人才信息平台，健全人才培养、引进、流动、评价、激励、服务和保障机制，设立人才发展专项资金，对示范区引进的顶尖人才、领军人才、高端人才等高层次人才、团队及其创新创业项目予以支持。

二是支持国内外知名企业、高等学校、研究开发机构、高端研究咨询机构在示范区内建立人才培养机构，探索创新人才合作、人力资源服务模式。鼓励高等学校、研究开发机构和企业及其他组织之间实行人才双向流动。高等学校、研究开发机构可以聘请企业及其他组织的科技人员兼职从事教学和科研工作，并支持本单位的专业技术人员按照有关规定，在示范区企业及其他组织兼职兼薪或者离岗创新创业。

三是在示范区鼓励高等学校、研究开发机构、新型研发机构等单位按照国家和本市有关规定，通过科技成果入（折）股、股（期）权奖励、科技成果收益分成等方式，落实对作出重要贡献的科研人员和管理人员的激励机制和奖励措施。

2. 鼓励人才引进

一是根据产业发展需要，符合条件的高等学校、研究开发机构、医院、大型企业等单位可以申请开展职称自主评审。对引进的高层次人才、急需紧缺人才、高技能人才和取得重大成果或者作出突出贡献的人才，可以按照国家和天津市有关规定破格申报评审相应职称。

二是在示范区鼓励企业通过校企合作，前置人才招聘端口，引进发展主导产业所需人才。

三是政府有关部门和管委会应当制定和完善人才服务的具体政策措施，在引进手续、工作许可、户籍或者居住证、出入境手续办理以及住房保障、医疗服务、老人赡养、子女教育、配偶就业等方面提供便利条件。

（四） 推动科技领域的交流合作

一是加强国际性或区域性交流。天津市人民政府有关部门、管委会应当在出入境管理、注册登记、信息服务等方面提供便利条件，支持境外高等学校、研究开发机构、跨国公司依法在示范区设立符合产业发展方向的国际性或者区域性研究开发机构、技术转移机构；支持示范区内企业、研究开发机构和科技人员依法开展国际科技合作与交流。

二是根据科技创新和产业发展需要，组织开展与其他国家和地区研究开发机构、高等学校、科技园区、跨国公司的交流合作，推动人才交流、协同创新和产业合作。支持示范区内单位和个人通过自建、并购、合资、参股、租赁等方式在境外开展生产、研发、服务、投资等跨国经营活动；与世界知名企业、知名科研机构开展合作并在示范区实现项目产业化。

三是支持建立中国（天津）自由贸易试验区与示范区发展联动机制，合作开展改革创新工作，推动自贸试验区改革试点经验在示范区率先复制。在中国（天津）自由贸易试验区实施的试点政策措施需要扩大试点范围的，天津市人民政府优先安排在示范区实施，并依法赋予相应的权限。

（五） 财 税 政 策

1. 支持技术创新的税收优惠政策

一是高新技术企业转化科技成果，以股份或出资比例等股权形式给予相关技术人员奖励，技术人员可分期缴纳个人所得税，最长不超过 5 年。解决了企业科研人员在获得奖励股权但尚未取得股权收益的情况下，缴纳个人所得税可能存在困难的问题。有限合伙制创业投资企业法人合伙人企业所得税优惠主要是对有限合伙制创业投资企业采取股权投资方式投资于未上市的中小高新技术企业 2 年以上的，该企业的法人合伙人可按其投资额的 70%，在股权持有满 2 年的，当年抵扣该法人合伙人从该企业分得的应纳税所得额；当年抵扣不足的，可在以后纳税年度结转抵扣。

二是技术转让企业所得税试点。技术所有权转让或 5 年以上非独占许可使用权转让，在一个纳税年度内转让所得不超过 500 万元的部分免征企业所得税，超过 500 万元的部分减半征收企业所得税。中小高新技术企业向股东转增股本的个人所得税试点，解决了中小高新技术企业向个人股东转增股本可能出现股东所得股份较多、应纳税额较高、一次性纳税困难的问题。

三是扩大税前加计扣除的研发费用范围。将企业为研发人员缴纳的"五险一金"、专门用于研发活动的仪器设备的运营维护费用、医药企业发生的临床试验费、企业共同合作开发或委托外单位进行开发的研发费用等列入加计扣除范围。职工教育经费税前扣除。高新技术企业发生的职工教育经费支出，不超过工资薪金总额 8% 的部分，准予在计算应纳税所得额时扣除。据了解，目前职工教育经费税前扣除比例仅为 2.5%。比例的大幅提高将有效促进企业对于职工教育经费的投入。

2. 财政科技管理制度改革

一是中央级事业单位科技成果使用处置和收益管理改革试点。试点单位可以自主决定对其持有的科技成果采取转让、许可、作价入股等方式开展转移转化活动，试点单位主管部门和财政部门对科技成果的使用、处置和收益分配不再审批或备案。天津市市属事业单位也将享有科技成果处置自主权，取消所有审批和备案程序。

二是科研项目经费管理改革试点政策。在科技部、工信部、国家发展改革委、财政部、卫生部和教育部参加的部市会商确定的联合支持的新立项目中，开展间接费用补偿、分阶段拨付、后补助，以及增加科研单位和高端人才团队经费使用自主权。

三是鼓励在示范区创新支持科技创新的财政投入方式。采取前资助、后补助、间接投入、基金等多种方式，支持企业、高等学校、研究开发机构、科技领军人才围绕产业发展关键核心技术、前沿引领技术、颠覆性技术等，协同开展技术攻关活动。管委会委托具备相应条件的机构行使出资人权利，将财政性资金通过阶段性持有股权方式，支持企业开展技术、管理以及商业模式等创新。受托股权代持机构在股权退出时，所投入财政性资金出现亏损，经第三方评估机构评估，确认属于合法投资且已尽职履责的，可以按照国家和本市有关财政资金管理等规定予以核销。

3. 实施有利于科技创新的激励政策

一是股权和分红激励。自创区对园区内的国有高新技术企业、院所转制企业、高校、科研机构进行股权和分红权激励改革，对作出突出贡献的科技人员和管理人员实施技术入股、股权奖励、期权、分红权等多种形式的激励。

二是非上市中小企业可通过股权转让代办系统进行股权融资。促进本市科技型中小企业在资本市场交易产品风险的纵向分层，为创业企业拓展了更广阔的常态化融资平台。

第二节 长江经济带科技创新协同发展的主要做法与经验

一、上海张江国家自主创新示范区科技创新协同发展的实践和创新

上海张江高新技术产业开发区是 1991 年国务院批准成立的中国首批国家级高新区。2011 年，国务院批复同意上海张江高新技术产业开发区成为国家第三个国家自主创新示范区（以下简称张江示范区）。目前，上海张江示范区规划面积扩大到"一区十八园"〔张江核心园、漕河泾园、闸北园、青浦园、嘉定园、金桥园、杨浦园、徐汇园、长宁

园、虹口园、松江园、闵行（莘庄）园、普陀园、奉贤园、金山园、崇明园、临港园、陆家嘴园〕和紫竹高新区，共约470.5平方千米，形成了与上海城市创新带和战略性新兴产业发展地带相吻合的沿江沿海、沿沪宁线和沪杭线三大创新带。

上海张江国家自创区具有国际化、市场化、多样化和法治化4个特点，通过财税政策改革、股权激励试点、管理体制机制创新、人才试验区建设、科技与金融结合等先行先试的政策，进一步降低创新成本，激发、吸引更多资源投入到创新创业环境中来，大体可以从优化公共服务环境专项资助政策、集聚培育高端人才专项资助政策、促进创新成果转化专项资助政策、培育创新型产业集群专项资助政策等对其政策进行整理。

上海张江自创区政策框架如图8-4所示。

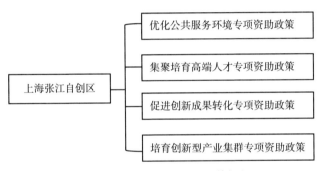

图8-4　上海张江自创区政策框架

（一）优化公共服务环境专项资助政策

优化公共服务环境，支持建设新型便捷的"双创"空间、创新创业孵化平台、科技金融服务平台、共性技术服务平台、知识产权服务平台、企业信用服务平台等；支持创建生态园区、智慧园区和生产性服务环境建设，打造宜居宜业的自创区。

对于众创空间的建设与服务给予资金支持，加快众创空间的建设，完善众创空间的服务体系，积极鼓励创新创业活动，促进创业成效。为了使得企业能够在更好的环境下成长，上海自创区还在公共服务平台建设上下了大功夫，引进国际、国家公共服务平台，加大对于知识产权的保护与创造，在企业购买技术服务时还给予资助。加大科技金融服务环境建设，使得贷款贴息、债券融资、保险等业务为企业的发展保驾护航。在经济发展的同时，也不忘记生态环境的建设，使得土地集约使用、能源集约使用、控制水污染的程度。

（二）集聚培育高端人才专项资助政策

集聚培育高端人才，支持国家级人才改革试验区建设；支持创设新型人才培育和服务机构；支持培育和引进急需人才；支持产学研人才流动，鼓励高层次人才创新创业；支持人才公寓以及为园区高层次人才提供子女教育、医疗保障等配套服务的平台项目。

上海张江自创区高端人才专项资助政策框架如图 8 - 5 所示。整合国家和地方的各类人才政策，开展政策绩效评价和创新建议、集约构建政策信息数据库、汇制各类政策办事指南、建立各类政策信息服务网，建立人才服务事项"一站式"办结机制，提供高层次人才寻访跟进服务、人才需求目录发布、人才政策咨询、人才培训、就业创业、人才落户等服务；财税政策、人才公寓申报、企业注册服务；人才职称评审、职业资格认证与咨询服务等公共服务，对根据重大科技创新项目引进的相关领域的国际首席科学家，根据其需求提供住房、就医、子女就学等专项服务保障等项目给予资助。

（三）促进创新成果转化专项资助政策

促进创新成果转化专项资助政策框架如图 8 - 6 所示。支持创新成果在园区实现产业化；支持新产品、新技术、新模式的示范应用；支持创制行业标准、国家和国际标准；支持产学研协同转化创新成果和开放合作创新。为鼓励本行政区域内企事业单位和个人的自主创新活动，支持创新成果的权利取得、转化实施工作，加大本区知识产权的保护力度，区科委于 2008 年 6 月 23 日制定了《关于鼓励本区自主知识产权创造和应用的实施细则》，设立奖励授权专利的专项资助资金，促进创新成果转化，能够更好地应用到现实中去。对园区企业自主研发且具有自主知识产权的科技创新成果进行中试、试制、试运行的项目给予资助，鼓励企业利用大数据技术针对不同领域和应用场景开发的多维分析、精准定制、智能服务等各种类型大数据产品的示范应用，另外还对企业原创的制造、医疗、检测、能源、量子通信、多媒体展示等先进技术设备的示范应用给予资助。

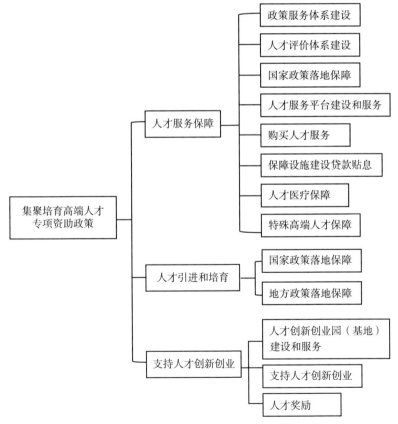

图 8 - 5　上海张江自创区高端人才专项资助政策框架

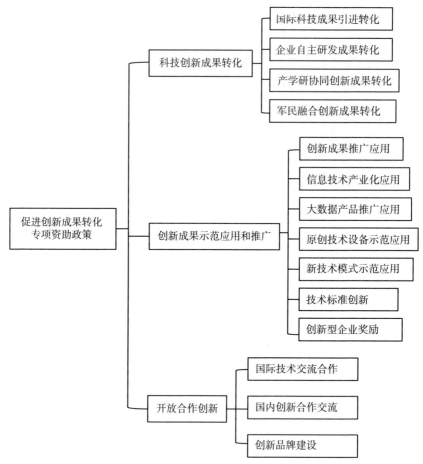

图 8-6　上海张江自创区促进创新成果转化专项资助政策框架

（四）培育创新型产业集群专项资助政策

培育创新型产业集群专项资助政策框架如图 8-7 所示。支持引进国内外优质产业资源和研发机构；支持重大科学设施配套；支持企业建设研发中心、技术中心、工程中心和创新成果应用服务中心，支持产学研创新联盟、产学研协同创新中心等创新基地和科技创新功能集聚区建设。

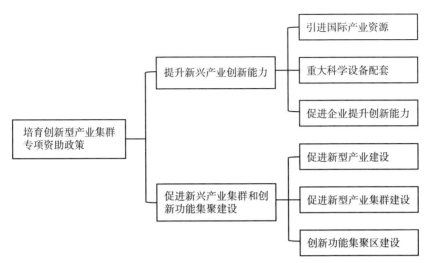

图 8-7　上海张江自创区培育创新型产业集群专项资助政策框架

　　鼓励龙头企业牵头建设新兴产业细分领域的专业产业园为实施建设"互联网+""物联网+""智能制造"和文化与科技融合产业升级完善基础技术设施、建设共性技术平台、建立开放共享的中试生产线和研发服务中心等项目。对以龙头企业为主，采用先进信息技术构建新兴产业领域的供应链管理系统，围绕创新链的研发、转化、制造、营销、建设服务关键环节，集成所在领域的物质流、信息流、资金流，提高产业链聚合和整体发展能力所需的技术设施、技术开发、数据开发、资源整合、服务体系开发和公共服务平台建设等给予资助。

　　为紧盯世界一流，上海张江自创区积极建设新一代信息技术、高端装备制造业、节能环保、新能源、新材料、生物、新能源汽车等诸多战略性产业集群。同时，通过创建全国文化和科技融合产业示范基地，发展文化科技融合产业，已形成数字出版、网络视听、动漫游戏等新型文化科技型产业集群，并打造出动漫游戏、影视制作、多媒体等各类国家级公共技术服务平台。

二、苏南国家自主创新示范区科技创新协同发展的实践和创新

2014 年 10 月 20 日，国务院批复同意支持南京、苏州、无锡、常州、昆山、江阴、武进、镇江 8 个高新技术产业开发区和苏州工业园区建设苏南国家自主创新示范区，战略定位是建设成为"创新驱动发展引领区、深化科技体制改革试验区、区域创新一体化先行区和具有国际竞争力的创新型经济发展高地"。江苏省委、省政府 2015 年 2 月召开深入实施创新驱动发展战略暨建设苏南国家自主创新示范区工作会议，出台《关于建设苏南国家自主创新示范区的实施意见》，江苏省政府成立示范区建设工作领导小组。积极争取国家相关部委支持，成立了由科技部等 11 个国家部委组成的示范区建设部际协调小组，2015 年 7 月审议通过《苏南国家自主创新示范区发展规划纲要（2021—2025 年）》，8 月由科技部正式印发。2018 年 2 月，江苏省人大颁布实施《苏南国家自主创新示范区条例》。

建设苏南国家自主创新示范区，是党中央、国务院赋予江苏省的重大责任。习近平总书记在视察江苏重要讲话中特别指出，"这是我国首个以城市群为基本单元的自主创新示范区"，要"以只争朝夕的紧迫感，切实把创新抓出成效"。经过 5 年多的创建，苏南自创区构建了以创新资源集聚为特色的高新区创新发展机制、以高新技术企业培育为特色的企业创新发展机制、以产业技术创新中心为特色的产业集聚发展机制、以产业技术研究院为特色的政策先行先试机制、以科技人才创业为特色的大众创业机制、以科技金融风险补偿为特色的科技金融发展机制、以整体联动统筹发展为特色的创新一体化发展机制七大发展机制。

（一）扶持创新创业

为深入实施创新驱动和产业强区战略，加快推进苏南国家自主创新示范区核心区建设，根据《关于聚力创新加快推进苏南国家自主创新示

范区核心区建设若干政策措施》（澄高管〔2017〕29号），苏南自创区开展企业创新能力提升行动，进一步推动创新资源、创新人才、创新政策、创新服务向企业集聚，千方百计支持企业开展科技创新活动，大幅提高企业技术创新能力和水平。进一步完善创新型企业培育机制，建立覆盖企业初创、成长、发展等不同阶段的政策扶持体系，培育以高新技术企业为主体的创新型企业集群。深入实施"雏鹰计划""瞪羚计划"，加大科技型中小企业扶持力度，健全企业抚育体系，推动具有持续创新活力的科技型中小企业不断涌现。深入实施科技小巨人培育工程，重点建设国家技术转移苏南中心，按照"立足苏州、服务苏南、辐射长三角"总定位，进一步完善辐射苏南的技术转移服务网络与工作机制，重点建设好属于国家创新战略布局的国家级技术转移平台——国家技术转移苏南中心。支持各类社会力量和社会资本在高新区建设新型孵化器，建立健全创新驱动发展评价考核机制和评价指标体系，全面推动经济转型升级。苏南国家自创区创新政策框架如图8-8所示。

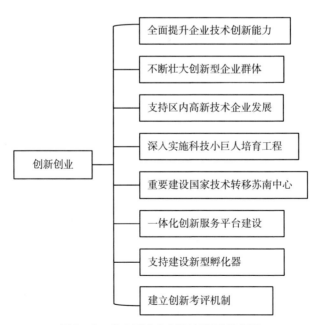

图8-8　苏南国家自创区创新政策框架

（二）明确产业发展方向

深刻认识国际科技创新和产业变革趋势，深入开展产业跟踪研究，准确定位苏州市产业在国际国内的发展水平、优势及差距，进一步明确产业发展目标和方向。贯彻落实国务院《关于加快科技服务业发展的若干意见》，以企业创新需求为导向，重点培育壮大技术转移、创业孵化、科技金融、研究开发、检验检测认证、科技咨询、知识产权等科技服务业的市场主体。按照"服务专业化、发展规模化、运营规范化"要求，推动苏州市科技服务业跨越式发展。提升科技企业孵化器建设水平，完善"创业苗圃＋孵化器＋加速器"的创业孵化全链条服务，引导孵化器向专业化、特色化发展，推广"孵化＋创投"等孵化模式，鼓励社会各类主体和社会资本参与孵化器建设；积极探索虚拟孵化、众创空间等新型孵化模式，打造创业者的新天堂。支持各市、区结合产业布局建设科技服务业集聚区，强化技术经纪人、科技镇长团、乡镇科技助理、企业科技专员队伍建设，形成纵向到底、横向到边、覆盖各市区、乡镇的多层级、网格化的科技服务体系。

全面推进以企业为主体、以市场需求为导向、以市场机制为保障的产学研合作长效机制。以中科院开展分类改革为契机，加快建设中科院苏州创新服务中心（STS服务中心），吸引中科院创新研究院、各类研究所等研发机构落户苏州。

苏南国家自创区产业发展政策框架如图8－9所示。

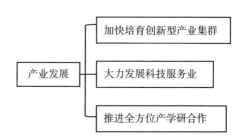

图8－9 苏南国家自创区产业发展政策框架

（三）创新对外开放思路

充分发挥苏州开放优势，创新对外开放的思路和举措，增强以品牌、技术、质量、服务为核心的出口竞争力，增创开放型经济新优势。积极主动参与国家"一带一路"建设，发挥苏州工业园区开放创新综合改革试验区、昆山深化两岸产业合作试验区及众多保税区、出口加工区资源优势，加强与世界创新型国家和地区的全方位创新合作。

深入实施"走出去"战略，主动介入国际研发分工，鼓励企业并购、合资、参股国际研发企业或设立海外研发中心和产业化基地，加大对企业出口高新技术产品、对外投资、设立海外研发机构的支持力度。积极开展与国际知名高校和科研机构的科研合作及学术交流，加强与美国、德国、以色列等先进创新型国家的专项科技合作，加快建设中国—新加坡、中国—芬兰、中国—荷兰、中国—捷克等苏州创新中心。

如图 8 - 10 为苏南国家自创区对外开放政策框架。

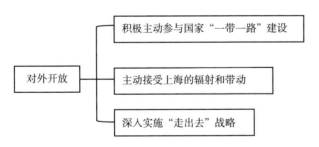

图 8 - 10　苏南国家自创区对外开放政策框架

（四）加强知识产权保护和创新

为贯彻国务院《关于新形势下加快知识产权强国建设的若干意见》（国发〔2015〕71 号），落实省、市科技创新大会精神和市委、市政府《关于加快建设知识产权强市意见》（宁委发〔2015〕19 号），进一步发挥知识产权对南京市创新型经济社会发展的支撑和引领作用，率先将南京建设成为全国知识产权强市。创新激励机制，探索知识产权股权、知识产权分红等激励模式。探索专利导航产业发展新模式，培育一批知识产权密集型企业。开展知识产权金融试点，创建国家知识产权投融资综合试验区。苏南国家自创区知识产权保障政策框架如图8-11所示。

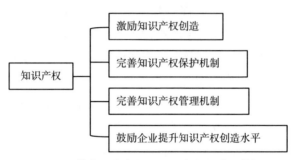

图8-11 苏南国家自创区知识产权保障政策框架

加强知识产权保护，完善维权援助和举报投诉受理机制，推进行政执法与司法保护的衔接，形成知识产权保护合力，争取设立知识产权法院，营造良好环境，吸引创新资源扎根苏州。

探索自贸区知识产权行政管理体制和综合执法模式的试点，推进专利、版权、商标"三合一"的知识产权行政管理试点工作。

对企业因专利质押、专利保险、专利入股、专利交易等发生的专利评估费用给予补助，支持知识产权服务业集聚发展，经认定的进驻知识产权服务业集聚区的知识产权服务机构给予不超过20万元的支持，对其自购办公用房的，给予最高100万元的补贴。

（五）完善科技金融体系

为全面贯彻落实习近平新时代中国特色社会主义思想和党的十九大精神，大力实施创新驱动发展战略，加快完善创新生态系统，进一步发挥科技金融促进科技创新能力提升的倍增效应，建设具有国际影响力的创新创业名城和创新型城市，就进一步加强科技金融创新融合，印发了《关于加强科技金融结合促进科技型企业发展的若干意见》（苏府

〔2018〕96 号）。

通过进一步完善科技金融政策体系，从创新科技资金投入方式到健全科技创新投融资体系，加强省市区联动。加强密切协同联动，进一步创新科技信贷服务模式，不断优化科技信贷风险补偿运作机制，加强科技信贷产品创新，同时深入开展科技信贷融资补贴。不断创新支持方式，进一步激发创业投资活力，通过壮大天使投资阶段参股、创新天使投资奖励方式、开展天使投资风险补偿，打造创业投资联动体系。不断加强要素融合，进一步挖掘科技保险发展内涵，实施科技保险风险补偿，创新科技保险产品，创新保险资金运用方式，加大科技保险费补贴力度。通过创新金融工具，进一步拓宽科技型企业融资渠道，不断发展科技融资租赁，探索应用各类金融工具。此外，更要不断完善服务体系，进一步夯实科技金融创新融合基础，深化科技金融工作协调机制，加强科技金融服务平台建设，打造区域性科技金融服务平台，引导银行、保险、担保、创投、科技小贷、融资租赁、科技金融中介等机构资源向平台集聚。运用人工智能、大数据等技术手段，推动科技金融供需双方依托科技金融服务平台开展对接交流，满足科技型企业全方位、多层次、个性化的融资需求。

苏南国家自创区科技金融发展政策框架如图 8-12 所示。

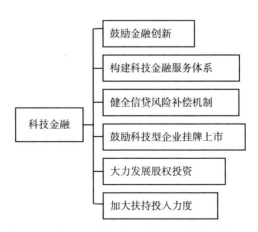

图 8-12　苏南国家自创区科技金融发展政策框架

（六）落实人才支持政策和体制机制保障

为深入贯彻落实江苏省第十三次党代会精神，充分发挥苏南人才管理改革试验区在集聚创新人才资源、打造人才高地的作用，进一步聚力人才政策创新，先行先试，厚植苏南国家自主创新示范区发展优势，江苏省人力资源社会保障厅印发了《关于进一步加快苏南国家自主创新示范区建设的有关人才政策措施》（苏人设发〔2016〕473），建设创新创业人才特区，加强人才培养与保障，人才项目配套资金资助。

苏南国家自创区人才支持政策框架如图8-13所示。

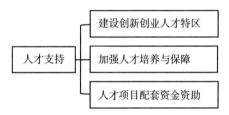

图8-13 苏南国家自创区人才支持政策框架

通过进一步推进简政放权，保障落实用人单位自主权，支持创新事业单位人事管理制度，落实用人单位岗位管理自主权，加快行政许可改革试点，全面推行"设立人力资源服务机构许可"和"中外合作职业技能培训机构设立审批"两项行政许可的"先照后证"改革。通过进一步畅通人才流动配置渠道，构建具有国际竞争力的人才引进制度，放宽急需紧缺外籍人才引进条件，允许外国留学生毕业后直接留苏就业，支持用人单位自主招聘特殊人才。通过进一步加强平台载体建设，加快集聚高精尖缺人才，打造品牌人才交流活动，加大企业博士后工作站建设力度，创新产业人才集聚载体建设，加强技能人才培养载体建设。通过进一步深化职称制度改革，完善人才分类评价和支持机制，下放高级职称评审权，改革科技人才评价机制，建立技能人才与工程技术人才职业发展贯通机制。通过进一步完善薪酬分配机制，激发人才创新创造活力，进一步加大高校科研院所内部分配自主权，充分体现人才知识价值，允许科研人员实行兼职兼薪，推进落实科研成果转化收益分配，进一步提高技能人才待遇。通过进一步强化服务保障，营造人才促发展、发展兴人才的良好环境，健全人才公共服务体系，加快人力资源服务业发展，推进人才市场一体化进程，大力培育发展专业性、行业性人才市场，"十三五"期间新建4家省级人才市场，并给予专项资金支持。同时加强人才市场区域合作，开通建立国家苏南国家自创区人才网，实现区域内市场供求信息互通共享，组织苏南五市组团赴外开展集中招才引智活动，形成引才整体合力。

苏南国家自创区坚持体制机制创新，积极探索以科技创新为核心、以破除体制机制障碍为主攻方向的全面创新改革试验，创新一体化发展的新机制，健全完善高效协同的一体化工作推进体系，着力促进科技创新要素高效流动和资源优化配置，加快实现创新政策一体化覆盖、体制机制改革一体化推进。苏南国家自创区体制机制改革框架如图8-14所示。

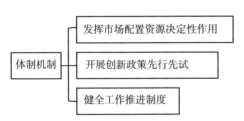

图8-14　苏南国家自创区体制机制改革框架

发挥市场配置资源决定性作用，加快转变政府职能，推进科技资源配置方式改革，建立完善市场监管体系、社会信用体系和创新活动评价机制，形成科学、高效的创新管理机制。按照创新一体化的导向，打破行政边界等一切束缚创新发展的观念和体制机制障碍，建立市场集聚创新要素、配置创新资源的新机制，促进人才、知识、技术、管理、资本等各类科技创新要素按经济发展规律自由流动，不断拓展市场配置资源的广度和深度。

开展创新政策先行先试，率先落实好全国推广的中关村6条创新试点政策，同时积极复制推广中关村先行先试4条政策，大力推进"苏十条"创新政策的深度落实与广泛运用。借助中新理事会和昆山深化两岸产业合作试验区的高平台，重点在建设新型科研机构、科技资源开放共享、区域协同创新、科技金融发展、自主创新产品首购和订购、重大技术装备首台套扶持等方面，积极探索苏州地方特色的自主创新政策，将先行先试取得成功的改革举措和做法向全市推广，最大程度激发全社会创新活力。

健全工作推进制度。建立由市主要领导任组长的示范区建设工作领导小组，研究推进工作机制和重大措施，协调解决发展中的重大问题，凝聚全市上下各方智慧和力量，形成上下联动、统一高效的工作机制。

第三节　其他地区科技创新协同发展的主要做法与经验

一、武汉东湖国家自创区科技创新协同发展的实践与创新

按照国务院批复精神，东湖自创区发展的目标是：努力培养和聚集一批优秀创新人才特别是产业领军人才，着力研发和转化一批国际领先的科技成果，在具备优势的基础研究学科前沿领域取得一批原创性成果，做强做大一批具有全球竞争力的创新型企业，培育一批国际知名品牌，建设一批世界一流水平的新型研究机构，全面提高东湖高新区自主创新和辐射带动能力，全力推动东湖高新区科技发展和创新在10年内再上一个新台阶，成为推动资源节约型和环境友好型社会建设、依靠创新驱动发展的典范。

（一）创新创业方面

依据武汉东湖新技术开发区管理委员会关于印发《加大科技投入提升创新能力的政策清单》的通知，自创区加快建设光谷科技创新集聚区，支持高水平科技创新平台建设，支持企业加大研发投入，鼓励企业牵头承担国家重大科技项目，推动新兴产业创新组织发展，坚持突破"卡脖子"重大关键核心技术，加大科技投入。《武汉东湖新技术开发区支持创新创业发展新经济的政策清单》（武新〔2017〕3号）提出，要进行科技成果所有权混合所有制改革，支持高校院所科技成果转移转化，设置"光谷科技悬赏奖"，鼓励"新四军"创业，支持光谷瞪羚企业成长，加大企业研发投入支持，军民融合科技创新更进一步，同时也要支持高水平科技创新平台建设以及"双创"孵化载体支持，营造宽松包容发展环境。

（二）人才支持

依据《武汉东湖新技术开发区"3551光谷人才计划"暂行办法》（武新管〔2014〕180号），自创区在人才支持方面投入了大量的人力物力。对入驻孵化器的3551人才企业，三年内给予房租补贴，建立3551人才企业科技人员职称评定绿色通道，对贡献突出的3551人才，优先推荐其参加国家、省、市有突出贡献中青年专家和享受国务院政府特殊津贴、省市政府专项津贴人员的评选等人才项目的申报等一系列政策。

在高层次人才引进和培养试点方面，加快推进人才政策创新，力争在激励政策上有新突破。全方位拓宽引才渠道，组团到美国等地招聘海外高层次人才，并开展"海外学人光谷行"等活动，建立完善了高层次人才信息库。抓紧实施光谷人才特区战略，通过"3551人才计划"，引进了高端人才。

（三）产业发展

东湖自创区的产业发展可谓是遍地开花，人工智能、"互联网＋"、生物产业、文化科技产业、软件和信息服务业、智慧家庭产业、工业经济、商贸流通业都制定了一系列政策，对自创区产业的发展起到了支持的作用。

东湖自创区已形成了以光电子信息为主导，生物、新能源、环保、消费类电子等产业为支柱的高新技术产业集群，光电子信息、生物、消费电子、环保等已成为总收入过百亿元、数百亿元的产业。调整优化产业结构、建设国家自主创新示范区是承担国家发展战略、加快武汉经济社会发展的重大机遇和关键举措。以汽车、装备制造等支柱产业为依托，发展高附加值产品，促进优势资源向重点项目集中，完善产业链；实施光电子信息、生物、新能源、节能环保、新材料、电动汽车等战略性新兴产业工作计划；加快区域性金融中心建设，新引进5家境内外金融机构，18家全国性金融机构在汉设立后台服务中心。东湖自创区作为武汉市核心示范区，近年来涨势强劲，经济水平持续多年保持高水平增长，已经成为武汉经济增长的主力。

（四）科技金融

依据《东湖国家自主创新示范区关于推动科技金融创新发展的若干政策（试行）》（武新规〔2016〕4号），自创区鼓励各类金融机构聚集，鼓励各类金融机构壮大规模，推动科技金融专营机构的建设，大力发展股权投资，鼓励企业债务融资，促进企业多层次资本市场融资，鼓励企业并购重组，积极发展融资租赁，大力推行科技保险，健全风险补偿机制，深化信用体系建设，鼓励金融服务平台建设，鼓励金融创新，鼓励金融人才聚集，鼓励加强光谷科技金融品牌建设。

政策鼓励和支持国内外单位和个人来本市实施科技成果转化；各级人民政府负责管理、指导、协调科技成果转化工作；采取措施，培育技术市场，为企业、科研院所和高等院校的科技成果转化提供服务；探索了产学研成果转化机制，加速了大学及科研院所的知识成果化。

（五）开放合作

高新区抢抓全球产业快速转移的机遇，围绕产业发展重点，深化招商管理体制改革，立足于大项目、产业关联强的项目，大力开展招商引资，取得了积极进展。企业外向型经济规模不断扩大，对外交往日益频繁。示范区利用外资规模不断扩大，企业出口稳步增长。

强力推动"走出去"，积极推动园区企业与"一带一路"共建国家与地区合作，烽火科技、阳光凯迪、人福医药等一大批企业积极参与"一带一路"产业合作，长飞光纤在南非、印度尼西亚等地建设境外产业园，深化与当地产业链合作共赢。同时，推动在硅谷建立光谷创新中心，物理空间近3000平方米。在波士顿设立百桥汇海外孵化器。在比利时建设中比创新园，建筑面积近20万平方米。科控网络公司在伦敦建设面积7000平方米、欧洲最大的孵化器，目前已有200个团队入驻。

（六）知识产权

实施东湖高新区知识产权战略，完善东湖高新区园区、产业、企业知识产权战略实施体系，支持企业实施知识产权战略。支持企业开展知识产权运用、知识产权质押融资和专利联盟等工作。加强知识产权维权援助，通过政府购买服务的方式给企业提供专家咨询服务。建立健全知识产权诚信管理机制，对于知识产权领域严重失信主体，采取省、市、区联合惩戒措施，取消进入各知识产权保护中心和快速维权中心的专利快速授权确权、快速维权通道资格。

二、西安国家自创区科技创新协同发展的实践与创新

2015年，国务院批复（国函〔2015〕135号）同意西安高新技术产业开发区建设国家自主创新示范区。这是继北京中关村、武汉东湖、上海张江等之后，国务院批复的第9个国家自主创新示范区。这意味着西安自创区在推进自主创新和高新技术产业发展方面可以先行先试、探

索经验、做出示范。同时，结合自身特点，西安国家自创区在税收减免、股权分红、激励等多个层面给予支持。在科技成果转移与转化、科技金融、军民融合、统筹科技资源、知识产权运用和保护、人才聚集、土地集约利用、产城融合等方面进行积极探索。

（一）鼓励知识产权创造与应用

对当年申请的国内发明专利，每件给予一定金额的奖励；对申请PCT 专利并进入国家阶段后，每件给予 2 万元奖励。对当年获得欧美日专利授权的，每件给予 10 万元奖励；获得其他国外专利授权的，每件给予 3 万元奖励；获得欧美日注册商标的，每件给予 3 万元奖励；获得其他国外注册商标的，每件给予 1 万元奖励。同一专利、商标支持不超过 3 个国家。西安国家自创区鼓励知识产权创造与运用政策框架如图 8 - 15 所示。

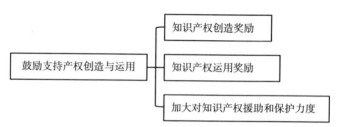

图 8 - 15　西安国家自创区鼓励知识产权创造与运用政策框架

（二）促进科技创新，建设公共服务平台

对当年新增技术合同交易金额 50 万元以上的企业，按技术交易额新增部分的 3% 给予奖励，每家企业或机构每年最高奖励 50 万元。建立西安国家自主创新示范区科技服务产品目录。以创新券方式支持区内企业购买目录内机构提供的研发设计、技术转移、检测验证、知识产权、评估认证等专业化科技服务，按照企业实际购买专业服务金额的75% 给予资助，每家企业每年最高资助 50 万元。

对通过国家级高新技术企业认定，并纳入西安高新区高新技术企业库的企业，给予每家6万元的一次性奖励。对首次通过西安市级高新技术企业认定（尚未获得国家级高新技术企业认定），并纳入西安高新区高新技术企业库的企业，给予每家3万元一次性奖励。对通过国家级高新技术企业认定且上年度销售收入过亿元以上（含），并纳入西安高新区高新技术企业库的企业，给予每家15万元的一次性奖励；对通过国家级高新技术企业认定且上年度销售收入10亿元以上（含）并纳入高新区高新技术企业库的企业，给予每家30万元的一次性奖励。对每年帮助区内企业通过国家级高新技术企业认定10家及以上的中介机构，给予中介机构2000元/家的奖励；认定20家及以上的中介机构，给予中介机构3000元/家的奖励；以此类推，每家中介机构每年最高奖励50万元。

对当年新获批国家发改委、工信部、科技部等国家部委（含国防类）认定的国家级创新型平台，给予100万元一次性奖励，对当年新获批省级创新型平台，给予30万元一次性奖励。对于高校或科研院所的两院院士在区内企业设立院士工作站，从事产学研合作技术成果转化的，给予建站企业100万元无偿资助。对于企业自建或与高校院所以股权投资形式合作共建的具有独立法人资质的平台，高新区可以优先股或普通股方式，给予平台最高5000万元投资支持。

西安国家自创区促进科技创新政策框架如图8-16所示。

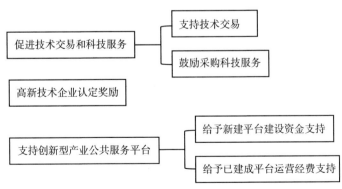

图8-16　西安国家自创区促进科技创新政策框架

（三） 支持标准化

对承担国际标准化组织相关专业秘书组的企业，给予每年最高50万元奖励；国家标准化技术委员会（TC）秘书处所在单位，给予每家30万元奖励；国家标准化分技术委员会（SC）秘书处所在单位，给予每家15万元奖励；国家和行业专业标准化工作组（WG）所在单位，给予每家5万元奖励。

对主导和参与制定国际标准的企业，分别给予每项标准50万元和30万元奖励；对主导和参与制定国家标准的，分别给予每项标准20万元和10万元奖励；对主导和参与制定行业标准的，分别给予每项标准10万元和5万元奖励；对主导和参与制定省级地方标准的，分别给予每项标准5万元和2万元奖励。

对获批国家、省、市标准化试点单位的企业，分别给予20万元、15万元、10万元一次性奖励。对首次获得陕西省或西安市名牌产品称号的产品，分别给予每个产品5万元、3万元的奖励；对通过省、市名牌复审认定的，分别给予每个产品3万元、1万元的奖励。

西安国家自创区支持科技成果标准化政策框架如图8-17所示。

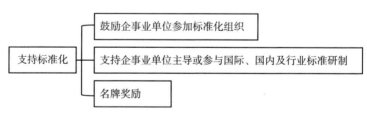

图8-17 西安国家自创区支持科技成果标准化政策框架

（四） 人才支持和金融支持

建设"人才特区"。设立西安自创区人才专项资金，设立海内外高层次人才服务绿色窗口，建设"一带一路"人才大市场。持续推进领军人才和团队在西安自创区聚集，实行与国际接轨的高层次人才招聘、薪酬、考核、科研管理和保障制度。落实科技成果使用权、处置权和收益权改革试点，高校院所职务发明成果转让收益中奖励给技术人员和研发团队比例不低于 80%，允许技术人员 3 年内保留原单位人事编制，并可回原单位申报专业技术资格。争取国家外籍高层次人才各项试点政策，申请新办和延期 5 年以内的外国专家证和居留许可证，将外籍人员就业证审批和工程类职称审批权限下放自创区。

西安国家自创区人才支持政策框架如图 8 - 18 所示。

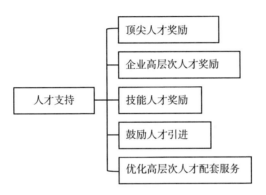

图 8 - 18　西安国家自创区人才支持政策框架

打造西部科技金融中心。鼓励银行、证券、保险等金融机构在西安自创区设立科技分支机构，支持财富管理、结算中心、创投融资等新型金融机构落户自创区。加快推进国家投贷联动试点，支持自创区开展外商投资股权投资企业试点、商业保理试点、企业信用体系试点等创新试点。支持设立西安高新科技发展银行，鼓励民营资本参与银行建设。建设标准化企业信用体系，实现市级信用平台与高新区信用平台互联互通和数据共享。

（五）扶持初创企业

进一步优化创新创业环境，对于初创企业进行大力扶持。支持西安自创区构建"苗圃+孵化器+加速器"全链条企业孵化培育生态，制订企业发展壮大梯度培育计划，促进"雏鹰""瞪羚""小巨人""独角兽"等不同发展阶段企业的健康发展。率先在西安自创区规划建设创新创业小镇，构建新型创新创业生态圈。支持股权投资机构投资自创区企业，对投资机构投资于种子期、初创期科技企业产生的损失给予10%~30%的风险补偿。

西安国家自创区初创企业扶持政策框架如图8-19所示。

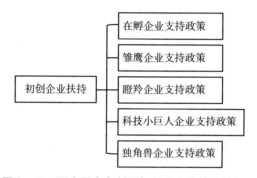

图8-19　西安国家自创区初创企业扶持政策框架

第九章

科技创新区域协同发展的国际借鉴

第一节　日本"产业带"模式与借鉴

日本制定和实施长期科学和技术发展战略规划方面具有很多成功的经验。日本国家创新政策源于对企业的创新能力是其竞争力的关键源泉的认识，而创新能力是具有溢出效应的，从某种意义来说是具有公共性的，并能够通过国家的创新政策来推动创新能力的提升。例如，日本国家技术创新政策在推动技术的推广和扩散方面对经济增长的影响甚至超过了增加研发支出所产生的影响。从日本创新政策的作用来看，科学研究与技术创新是与区域经济发展需要密切联系的，日本科学技术创新体系的发展可以分为三个阶段：一是第二次世界大战后到 20 世纪 80 年代的赶超阶段。二是 20 世纪 80~90 年代中期的科技城市发展阶段。三是 20 世纪 90 年代中期到当前的以科学为基础的区域创新阶段，特别是以区域科技集聚先导区的建立为标志。其中日本区域产业政策主要由地方政府（METI）来推动，从第二次世界大战后到 20 世纪 90 年代早期，区域产业政策主要目标是通过工厂由大都市向非城市地区的迁移来推动区域经济平衡发展。到 20 世纪 90 年代后期，区域产业政策的目标调整为振兴产业以克服制造业空洞化的影响，制造业的空洞化主要表现为制造业工厂从日本国内向海外迁移，主要迁移到中国与其他一些亚洲国家和地区①。总体来看，区域产业政策的有效实施，促进了区域产业集聚的形成，进而提升了产业的竞争力。

一、日本科技城市发展模式

在 20 世纪 80 年代科技城市开始建立，以实现日本支持本国产业发展和周边区域发展的目标，在科技城市项目中，政府选定了 26 个符合条件的地区，研究这些区域内高科技先导区的作用以及局限，研究发现科技城市成为政府通过技术创新政策提升周边区域经济发展水平的典型案例。但在实践中，这些高科技先导区对区域经济的影响存在较大差异，甚至在一些研究中，科技先导区被认为在发展区域产学研关系上存在很多问题和局限。除高科技先导区外，在这些地区的基础知识的研究开发和技术创新方面，区域内的大学在推动科技城市的发展和夯实基础上，发挥了重要的作用。而科技城市基金会作为促进合作和提供支持的组织，有助于推动大学、产业以及公共机构之间的交流和联系。上述组织共同作用，构成技术创新所需的制度类基础设施。在多数的科技先导区内，产业孵化器被建立，大多数国家大学建立地区协同研究中心，支持区域产业和大学在科技上的合作。一些与技术城市项目相关的新的科技大学被建立，并在区域科技创新中发挥了显著的作用。尽管科技城市项目得到大学和政府的积极支持，但从实际效果来看，相关政策并没有取得较好的效果，主要原因在于学校、产业和政府之间建立的三螺旋结构并没有实现科技城市项目和其他早期科技先导区的科技创新的目标，在很多情况下，这种合作对区域创新能力和竞争力的影响受到限制。因为在科学城市所在的地区，区域内的联系并不是很紧密，源于大多数的分公司或子公司与其总部保持了更紧密的垂直联系，而不会为当地企业开辟新的生产空间。科技先导区在发展过程中面临很多复杂的因

---

① 近藤正幸. 科学技術における日本の政策革新：科学技術政策からイノベーション政策へ［J］. 研究技術計画，2004（3）.

素的影响：首先，尽管从 20 世纪 80 年代开始区域小微企业被激励增加
与大学研究机构开展合作，但在实践中，两者之间缺乏有效的合作。其
次，多数的大型企业倾向于在机构内部开展研究与开发活动，或者与海
外大学开展研发合作，而不是优先选择与日本本国的大学和研究机构开
展研发合作。再次，区域的技术转移在每个地方政府官员的任期内通过
Kohsetsushi 中心得到推进，即区域政府资助的公共研究机构发挥了重要
作用，但这些 Kohsetsushi 中心在实践中存在人、财、物等资源不足并
且与科技先导区的协同创新能力不足等问题①。最后，新技术对区域经
济的溢出效应表现得十分有限，以科技城市项目推动的区域发展政策在
促进日本产业结构重新发挥竞争力方面难以取得预期的效果，其主要源
于科技先导区不能满足不断变化的社会需求。

二、日本国家、区域和次区域创新管理模式

尽管科技城市项目并没有实现缩小区域经济差距的目标，但提供了
机构层面的国家研发和创新框架，提升区域的创新水平。在实施过程
中，虽然科技城市项目没有完全发挥作用，但相关区域在推动科技城市
项目过程中，培育起与全球产业链相联系的具有全球竞争力的科技创新
能力，为未来区域创新体系的发展奠定了基础。科技城市项目中的一些
成功例子包括福冈县的北九州科技中心，该中心成功与大学、私人企业
和地方政府构建了科技网络，并和韩国的企业及科技园建立了紧密的联
系。近年来，福冈市规划了多个研发合作计划以及与大学、研究机构和
中介组织合作的人力资本发展计划，这些合作计划的对象不仅涉及日本
本国，而且涉及东亚的其他国家和地区，例如韩国、中国香港、中国上
海和新加坡等，已在未来的区域经济发展中建立与东亚区域间的技术合

---

① Kohsetsushi 中心是日本政府建立的各类技术中心的统称，主要为 300 人以下的中小企
业提供无偿的技术帮助，其资金由中央政府和地方政府提供，从事政府提供的地区工业研究项
目，也同企业和大学开展合作。

作网络。另一个成功的例子是静冈县的滨松科技中心，该科技中心构建了完善的区域创新体系以及支持机制，帮助该地区实现了经济结构调整。滨松科技中心在发展过程中，充分利用了不同的政府项目，例如科技城市项目以及加强政府与企业联系的发展项目等，并使支持机制作为区域社会网络融合到区域发展的各个阶段。雅马哈、本田和铃木等企业成为该区域著名的跨国公司，光电公司等新兴的高科技企业在区域发展中发挥日益显著的作用。与通过吸引规模大的外部企业来促进区域经济的发展相比，静冈县经济发展的成功例子成为内生发展的典范。

日本的科学与技术研发政策中，国家和区域政府成为主要政策制定者，两者在技术创新中所发挥的作用主要表现为：中央政府主要负责综合性的科技创新政策的制定与实施，地方政府主要负责制定和实施符合区域发展特点的科技创新政策，且符合国家的科技创新政策的主要目标和要求。区域科技创新的政策实施载体主要是次区域，如县级层面和市级层面。对日本区域科技创新政策的研究显示，超过90%的日本县级政府采取至少一项关键的项目来推动科学和技术的发展，最主要的两个举措是建立推动科学和技术发展的区域合作委员会以及实施推动科技发展的基础研究计划[①]。尽管在区域层面，并没有专门的组织来负责技术创新政策的制定和技术创新活动的资助，仅有的例外情况是由地方政府的9个区域经济部门负责跨县的区域经济和产业政策的实施。这些部门成为区域合作联盟构成的科技创新网络的重要节点。考虑到经济活动主要发生在该区域内且日益集中，因此可以被看作是日本创新政策的日益区域化的一个体现。

三、日本区域创新政策的主要目标和转变

日本区域创新的关系可以由以下的制度框架来说明，该制度框架是

---

① 胡晓丽. 科技振兴背景下的日本科技厅政策史研究［J］. 科学与社会，2017（1）.

以 1995 年的科学研究和技术创新基本法为基础，在 1996 年开始实施第一个科学研究和技术创新基本规划，规划时间为 5 年，每五年制定新一期科学研究和技术创新规划①。1998 年制定了由大学到产业的技术转移促进法，同年，废除了科技城市的相关法案，1999 年建立了新事业创业促进法，用来取代科技城市的相关法案②。2001 年创立了科学研究和技术创新政策委员会，即 CSTP。随着日本科学研究和技术创新基本法在日本国会通过，第一个科学研究和技术创新基本规划开始确立和实施，并在规划制定和实施过程中赋予县级政府和市级政府更多的权利和责任。在此背景下，一种新的模式即区域研发平台被创造出来以满足新的社会需求，这些需求主要产生于经济全球化和实施新的区域发展政策的需要，政府关注的重心转移到企业创新和经济发展的内生动力培育方面。近年来，日本的科技创新体系有了更加明确的目标，体现在日本政府制定的科学研究和技术创新基本计划上，该计划由科学和技术政策委员会（CSTP）制定。2001～2005 财政年度，日本共投入 24 兆日元用于科学研究和技术创新，大约占国内生产总值的 1 个百分点和名义国内生产总值的 3.5 个百分点③。2014 年日本将科学和技术政策委员会改组为综合科学技术创新委员会，推动综合性、基础性的科学技术创新政策的实施，成为日本推动科学创新的主要管理组织。该机构由首相直接领导，由科学技术创新政策担当大臣负责科学技术创新政策的制定和实施，在科技创新政策制定上，形成以内阁为主导的政策形成机制，有利于实现不同阶段技术创新政策的衔接和融合，为实现科学研究政策与技术创新政策的融合提供了制度保障。综合科学技术创新委员会将基本规划的制定和实施与科技创新项目和机构的经费预算管理的权利由文部科学省及其他机构全部移交到综合科学技术创新委员会，强化了该机构管

---

① 勝本雅和. 科学技術基本計画後の日本の研究開発システムの抱える課題に関する一考察 [J]. 研究技術計画，1997（11）.

② 通商産業省. 政策　新事業創出促進法について [J]. 産業立地，1999（38）.

③ 統計局. 日本統計年鑑 [EB/OL]. http：//www. stat. go. jp/data/kagaku/kekka/index. htm.

理科技创新活动的作用，有利于日本科技创新规划的实施①（参见图 9-1）。

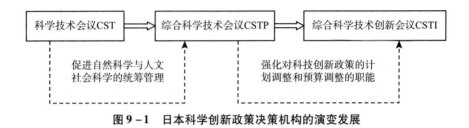

图 9-1　日本科学创新政策决策机构的演变发展

（一）传统科学研究和技术创新政策的转变

科学和技术基本规划所发挥的作用表现为改善了传统的科技城市项目实施中存在的限制政策效果发挥的区域地理因素，意味着每个区域政府都有机会来发展区域技术平台，通过该平台区域资源和优势能够得到充分发挥。同时日本出台的促进新企业创建的法律，结合区域创新平台为发展新的集聚政策，恢复长期陷入低迷的日本经济提供了新的契机。当前科学和技术基本规划的一个重要目标是加强与大学相联系的科技孵化器的发展，以促进每个区域的技术研究和科技创新活动。日本地方政府通过日本区域发展公司（JRDC）提供支持，日本文部科学省提供补充的预算支持。其中 20 世纪初日本提出的平沼规划的目标是增加诞生于大学的风险投资企业的数量，目标是在 3 年内建立 1000 家以大学为基础的科技创新企业②。而计划实施两年后，大学科技成果参股或孵化的企业已经达到 614 家。伴随产业发展和科技创新政策的推动，新的政策工具不断出现，极大促进了创新和加强了日本的大学和产业之间的联系。

---

①　内閣府. 総合科学技術・イノベーション会議の概要［EB/OL］. http：//www8. cao. go. jp/cstp/gaiyo/index. html.

②　広瀬勝貞. 経済産業省平沼プランで構造改革をサポート　産官学連携が新市場創成のカギ［J］. 政策情報，2001（1）.

知识在公共研究创新机构和私人部门之间的有效传播需要依靠规制因素以及中介机构，例如公共部门的知识产权政策等。日本商业企业对高等教育研究提供的资助比重少于经济和合作发展组织（OECD）的平均水平的一半①。在日本出台科学和技术基本规划后，近年来的大学改革加速推动了大学和产业间的联系，而上述联系在过去无论从法律上还是从制度结构上都受到限制。如表 9 - 1 所示，促进大学和产业间技术转移的法律框架随之构建，技术授权机构和组织由此开始大量增加，已记录的专利申请数量、专利授予数量以及授权的企业都在科学和技术基本规划推动下出现增长的趋势。日本的文部科学省在预算编制方案中首次增加了促进国家大学开展与产业合作的方案，文部科学省会根据大学的专利情况分配额外的资金。为了进一步促进大学体系与社会力量和企业之间的合作，废弃了禁止大学和产业之间进行人员流动的法案，为大学的教职人员作为私人企业的顾问进行研究和工作提供了便利。

表 9 - 1　　　　　　日本科技创新政策及创新环境建设的要点

目标	主要举措
培育创新基础	强化大学及研究机构的法人功能，重新构建研究基金制度
完善创新体系	强化承担中介职能的公立研究机构作用，充分发挥区域创新体系优势
加快创新成果转化	推进监管和相关制度变革，强化创新战略，激发创新活力

资料来源：日本内閣府. 科学技術イノベーション総合戦略 2014（平成 26 年 6 月 24 日閣議決定）［EB/OL］. http：//www8. cao. go. jp/cstp/sogosenryaku/2014/honbun2014. pdf.

（二）以产业集聚项目推动技术创新

从 21 世纪初开始，日本政府推动以产业集聚项目为龙头的技术先导区的建设和发展，在这些项目中，日本地方政府通常发挥主导作用，这些知识集聚先导区的建立主要源于哈佛大学教授迈克尔·波特创立的竞争战略理论，同时借鉴了其他国家区域经济发展的成功经验，特别是

---

① 根据经济合作和发展组织（OECD）发布的数据计算所得。

美国硅谷发展中，知识集聚先导区在科技创新和新兴科技产业培育和发展中的经验。在日本产业集聚项目中，以日本地方政府（METI）领导的产业集聚项目和日本的文部科学省（MEXT）领导的知识集聚先导区项目最为典型，这两个以集聚为特征的项目的重点都是强化大学与商业企业之间在区域层面上的联系，并由大学的科研成果孕育高科技的风险投资企业，大学以研究成果在高科技公司中占有合理的股份，上述合作方式加速推动高科技创业公司的产生和发展。表现为日本近年来的产业集聚政策催生了 19 个产业集聚项目和 13 个知识集聚先导区项目，同时融合形成新的区域集聚模式，日本通过国家产业政策积极支持形成了完善的区域创新体系①。从日本集聚政策实施的具体内容来看，当前科技先导区政策主要关注加强企业之间科学研究和技术创新的联系。同时，波特的经济集聚理论的核心是建立更广泛的企业内部联系，包括商品的交易和供应链的联系等，商业化导向的企业内部联系被作为发展集聚经济的重要特征。而日本的两类以集聚为特征的技术创新先导区的发展重点在于技术层面上的产业集聚。日本地方政府主导的产业集聚项目的主要目标是振兴区域经济和通过促进产业、大学和公共研究机构创新网络的建立和发展来推动产业集聚的形成。同时，支持新的商业模式和新产业的孕育和发展。其最终的目标是促进形成新的商业企业，并与区域的优势因素相互结合。产业集聚项目的财政资助主要体现为各类政府补贴和财政拨款，在实施产业集聚项目时，财政资助范围是受到限制的。

（三）扩展大学与产业之间的交流与合作

由于日本经济长期陷入低迷，制度改革的核心更加关注从基础上建立大学和产业之间的联系，用以推动区域和国家创新能力的发展。政府通过放松规制以及为研究和开发活动提供补贴的方式，支持由大学科技创新项目入股建立新企业。但是在涉及由大学科技创新项目入股建立新企业的持续性发展问题上，需要考虑这些企业对区域经济发展的长期

---

① 王威. 日本产业集聚的政策取向及启示 [J]. 日本研究，2008（2）.

影响。

　　日本政府经济政策对大学和产业之间在技术创新领域合作的影响程度是与大学的发展战略及相关政策密切联系的，需要从区域维度来深入研究大学内部关于技术创新和技术合作的制度。日本曾经在发展中采取美国的模式，重点给予合格的企业以经营权利并推动大学中衍生的初创企业的发展，但在实践中低估了已经存在于大学和商业企业之间的非正式联系的作用。大学创造的知识和专利最终通过正式的授权制度形成的产业化仅占全部技术创新产业化的一小部分，需要强调的是由大学创新成果入股衍生的初创企业和与学校相关的科学园区仅仅是学术创业行为的一个方面，而知识产权的商业化则是更广阔的制度构想中的组成部分，在制度安排上存在的根本分歧过去被低估了，因此，近年来在促进大学与产业联系方面建立的相关制度和其他的正式机制需要被更清醒地认识和合理调整。

　　未来国家在技术创新领域的发展方向应该是完善科技创新的评价机制，大学应该建立新的策略和组织结构来满足国家改革的需要并加强大学与产业间的联系。对集聚政策和其他科技先导区的评价标准将影响大学策略的制定和大学资源的分配。尽管如此，对新的技术先导区成果的评价主要需要解决方法论上的争议，在实践中缺少严谨的、被普遍接受的衡量技术先导区成果、技术创新政策效果以及制度变革效果的评价方法。日本的政策制定者更多地借鉴美国技术创新政策的经验，而没有借鉴其他国家技术创新政策上同等重要的成功经验，而这些国家的情况可能与日本的情况更为接近。大学在产业技术创新体系中发挥重要作用的另一个表现是大学培养的毕业生。工人和学生的流动是知识和经验转化的一个主要途径，尽管从更广泛的意义上看，劳动力市场在知识和经验的动态变化进程中所起到的作用以及大学在这一过程中的重要性还需要深入研究，即大学在为区域劳动力市场培养熟练劳动者过程中所发挥的重要作用。次一级区域政府通过制定满足个人发展目标的项目来培育与产业发展相适应的劳动者来满足区域经济发展需要。

　　从区域经济发展的角度，公共研究机构发挥的重要作用是值得注意的，日本的每个市都拥有数个产业技术研究机构和中心，目标是开展应用型的产业技术研究。这些产业研究中心以及日本的国家先进产业科学和技术研究院（AIST）与大学研究机构之间形成互为补充的创新体系，来满足区域商业企业对技术创新的需要。大学和公共研究机构之间的合作以及这些部门之间的人员流动促进了基础研究、大学教育和产业发展之间的联系，特别有助于满足中小企业对科技创新活动和成果的需要①。

第二节 英美技术带动产业集聚模式与借鉴

一、美国科学城模式——美国北卡三角研究园 RTP 经验

科学城模式是指一个国家为提高本国的科技水平而营建的科研机构和大学集结地，最大限度地实现图书、文献、情报、计算机等设备和服务设施的共享，并依托科学城建立工业园区，转化大学和科研机构的成果②。

美国的科学园区与大学有联系的占到了 95%，而科学园设在大学校园内或与学院毗邻的占到了 73%。与高等院校的接近可以充分利用学院的研究成果和科技力量，对高科技工业的发展有着重要意义③。尤其是对研究园区，其与高等院校结合程度更为紧密，而一般以商品生产为主的高科技工业区，则相对的与高等学府疏远些。

---

① 李顺才，李伟，王苏丹. 日本产业技术综合研究所（AIST）研发组织机制分析 [J]. 科学管理研究，2008（3）.

② 张颖莉，杨海波. 世界科学城的演变历程及对粤港澳大湾区的启示 [J]. 中国科技论坛，2023（1）.

③ Hobbs，K. G.，Link，A. N.，& Scott，J. T. The Regional Economic Impacts of University Research and Science Parks [J]. Journal of the Knowledge Economy，2018（9）.

RTP 该区正好为一个三角形，各角分别有著名的杜克大学、北卡罗来纳大学教堂山分校和北卡罗来纳州立大学，在这个 2500 公顷的高技术密集区里，每 10 万人中就有 706 人是博士学位获得者，为园区提供了强有力的技术资源。三角研究园是美国最早、规模最大的研发产业园，堪称美国大学创新体系与产业结合的典范①。

RTP 经济区的主要涉及 14 个产业集群，其重点产业方向与园区内三所标志性大学的研究方向相契合，包括农产品、建筑设备、仪器制造和服务、商业性服务、通信器材、建筑材料、大型建筑承包、重型机械、商品分销服务、食品加工、发电、电力输送、制药/生物技术和烟草业。为保持 RTP 的领先地位，园区制订了"保持领先"计划，将特别重视包括制药、生物技术和传染病、农业生物技术、计算机处理技术、先进的医疗保健、分析仪器、纳米技术和信息技术 8 个产业集群②。

一个地区要拥有核心技术资产、人才和关键配套基础设施，才能吸引更多企业投资，实现规模化的商业模式。三角研究园的成功大致印证了这一观点。在 RTP 发展过程中，政府也起到了关键性作用。园区最初的建设投资主要来源于联邦政府与北卡州政府。州政府对园区附近的大学，园区内的基础设施、孵化器、非营利机构等进行了大量的投入。同时北卡州政府对到园区内开业的企业提供 10 万 ~ 50 万美元的低息贷款，贷款期限长达 7 年，贷款年利率仅为政府债券利率的一半或为固定的 5%，为帮助一些新创小型科研机构开展业务，政府下属的小企业管理局还向园区内开业的小企业提供贷款担保及其他金融业务③。

与此之外，RTP 园区坚持环保理念，其园区总部大楼采用可回收铜板等环境友好型材料，低流量供水装置等起到杰出表率作用。

---

① 纪媛，陈天金，等. 美国北卡三角研究园区建设及对中国的启示［J］. 农业展望，2021（8）.

② 孙科. 美国北卡三角科学园产业集群的竞争优势分析及其借鉴［J］. 西北大学学报（哲学社会科学版），2010（1）.

③ One North Carolina Small Business Program［EB/OL］. North Carolina Department of Commerce，［2024 – 08 – 20］，https：//www. commerce. nc. gov.

RTP 以孵化器为代表的成熟运营。园区共有 6 个孵化器，其中以园区研究中心为核心的孵化器经验丰富，运作成熟，它通过为新创办的科技型中小企业提供物理空间和基础设施，提供一系列的服务支持，进而降低创业者的创业风险和创业成本，提高创业成功率，促进科技成果转化，培养成功的企业和企业家，促进园内创业企业持续不断发展。

二、英国科学园模式——英国曼彻斯特科学园"MSP"经验

科学园模式是指在科研机构聚集的地方建立科学园区。这种园区一般位于大学、科研院所比较密集的地方或中心城市，通过大学和科研机构的支持，减少入驻园区企业的科技开发风险，并对具备一定技术含量和市场前景的中小企业进行扶持和培育①。科学园模式目前在世界上采用较普遍。

（一）园区概况

曼彻斯特科学园"MSP"坐落于曼彻斯特的南部，曼彻斯特科技园区兴建于 1984 年，总建筑面积约 193788 平方米。曼彻斯特自工业革命开始就是英国社会新技术、新产业发展的活跃城市，园区的首个孵化器为"曼彻斯特企业中心"②。园区定位为以知识、创意、高科技为发展动力的各类产业，包括生物医药、商业服务、计算机软件、数码科技、工业技术、技术咨询、环境科学以及公共服务等。

（二）园区开发优势

近年来，英国兴起知识经济，曼彻斯特市政厅产业发展部研究以创意产业为主的科技园区的可能性。组建了政府和曼彻斯特大学研究部门

---

① 滕堂伟. 国家高新区转型发展新路径研究——世界一流科学园视角［J］. 科技进步与对策，2013（5）.

② 秦文英. 曼彻斯特科学园简况［J］. 国际科技交流，1986（8）.

为主的开发委员会，并正式对外公开。其总建筑面积约 193788 平方米。

1. 区位优势

周边多条重要铁路线路通往伦敦、谢菲尔德、利物浦等重要城市。周边多条 A 字公路及 M 字公路融入全国高速公路系统，距离伦敦仅 2 小时 40 分车程。

2. 人才优势

毗邻曼彻斯特大学，有充足的学生资源，通过高速公路与剑桥、牛津两大学相连。

3. 产业优势

曼彻斯特最近 10 年来以金融服务业与商务服务业为先导，以创意产业为出发点，逐步从工业重镇开始向商务重镇转型。目前，创意产业占曼彻斯特 GDP 比重已超 70%[①]。

三、英国科研产业带模式——英国苏格兰高科技区经验

科研产业带模式是指由若干规模较大的各类科技园区、工业园区和科研机构、企业群体连成一片所组成的产业地带，往往没有具体的边界或区域界限，一般分布在较广阔或狭长的地带。

英国苏格兰高科技区位于英国苏格兰中部地区，被称为"英国硅谷"，甚至被称为"欧洲硅谷"，包括格拉斯哥、爱丁堡、史特灵、利维斯顿，邓迪等城市群。这里不像被称为"美国硅谷"的山塔克拉拉县，电子工厂密集于一个城市，而是分布在这一带的中小城市群中[②]。它们既属于各城市工业体系的一部分，又有发达的交通网络和通信系统把它们连成一片。这算"英国硅谷"的一个特点。

英国苏格兰高科技区作为英国 20 世纪 80 年代高科技产业中心，该

---

① 蔺洁，王婷，等．英国大学科技园、科学城和弹射中心建设经验与启示［J］．全球科技经济瞭望，2022（12）．

② 王紫茵，韩惠明．比较优势视角下中外创新企业集群发展评价与分析［J］．知识经济，2018（5）．

地区集中分布了电报电话设备、电子计算机、电子元器件等电子工业，生产了占英国80%的集成电路和50%以上的计算机及软件和附件产品，成为欧洲的电子工业中心之一①。近年来，跨国公司如 IBM、INTEL、NEC 等纷纷来苏格兰设立制造据点，苏格兰有"欧洲硅谷"美誉。介于爱丁堡与第一大城哥拉斯哥间的 50 英里地区，聚集了皇家科学院的科研机构和 400 余家高科技企业，它不仅是苏格兰高新技术的集合地，也是许多英国著名大学的所在地，他们不断为内外资公司及其研发中心输送着优秀的人才。

这种产业带模式依托交通干线融合和集散人口、产业、城镇、物流、能流、信息流的线状空间地域综合性，这种独特的空间地域综合体带动区域经济的迅速发展。不仅具有集聚功能，还具有辐射功能。但是在 20 世纪 90 年代，随着东欧与中国市场的开放，平均一个苏格兰装配线工人薪水是中国的 10 倍。大型公司如逃难般移出，"欧洲硅谷"一夕陨落，80%的跨国公司外移，让苏格兰的制造业损失惨重。除此之外，苏格兰还面临一项严重的隐忧：人口外移。青壮年人口不断往英国南部的伦敦寻求工作，人口呈现负增长。为了重现"欧洲硅谷"的光环，也避免历史教训重演，苏格兰政府第一步就是鼓励高科技公司朝研发迈进。为了吸引研发企业入驻，除了给予租金、税务优惠外，苏格兰工商委员还充当企业、学校与资金三方面的桥梁。除了每年定期巡回全世界招商外，只要有意愿的企业，苏格兰工商委员会都会派人到母公司去演示文稿，甚至还没提出申请就先当起顾问，提出发展计划，帮忙找创投，甚至派专员长驻公司。除此之外，一方面，政府还扮演起人力招募的工作，按照公司要求，通过猎头公司或网站招募来自全世界的员工，由政府进行第一阶段的面试；另一方面，政府鼓励当地人设立新公司，每年，苏格兰工商委员会会投入超过 5 亿美元经费鼓励学校老师与学生出来开公司，而为了鼓励外国学生毕业后留下来创业，苏格兰政府

---

① 世界著名高新技术开发区 [EB/OL]. 深圳市科学技术协会，[2024-08-20], http://www.szsta.org/wskxg/kpzs/content/post_227643.html.

特地从 2015 年开始给予外国留学生多两年签证服务。仅在 2014 年，苏格兰 13 所大学就有 27 家新创公司，苏格兰政府自己扮演一个"大型育成中心"。虽然苏格兰政府的努力初有成效，但爱尔兰在苏格兰下滑后努力依靠软件研发争取到了"欧洲新硅谷"的称号，加上与苏格兰 5 小时车程的伦敦也在近几年努力跻身成为全球高科技发展重镇，这些都对苏格兰高科技区构成挑战。

第三节　德国"高技术城市群"模式与借鉴

一、德国技术城模式——德国鲁尔工业区经验

技术城模式是指在一定范围的土地上平衡尖端高科技产业、研究机构、居住而形成的城区，不单纯以追求高科技企业和研究机构的集中为目的，而是追求高科技机构与根植于高科技文化和谐发展的理想状态。

鲁尔工业区是德国，也是世界最重要的工业区。位于德国西部、莱茵河下游支流鲁尔河与利珀河之间的地区，在北莱茵—威斯特法伦州境内；区内人口和城市密集。鲁尔区南部的鲁尔河与埃姆舍河之间的地区，工厂、住宅和稠密的交通网交织在一起，形成连片的城市带。它形成于 19 世纪中叶，是典型的传统工业地域，被称为"德国工业的心脏"[①]。它位于德国中西部，地处欧洲的"十字路口"，又在欧洲经济最发达的区域内，邻近法国、荷兰、比利时、丹麦、瑞典等国的工业区。

鲁尔区的工业是德国发动两次世界大战的物质基础。第二次世界大战后又在德国西部经济恢复和经济起飞中发挥过重大作用，工业产值曾占全国的 40%。现在仍在德国经济中具有举足轻重的地位。鲁尔工业

---

① 任保平. 衰退工业区的产业重建与政策选择：德国鲁尔区的案例 [M]. 北京：中国经济出版社，2007.

区突出的特点是，以采煤工业起家的工业区，随着煤炭的综合利用，炼焦、电力、煤化学等工业得到了大力发展，进而促进了钢铁、化学工业的发展，并在大量钢铁、化学产品和充足电力供应的基础上，建立发展了机械制造业，特别是重型机械制造工业、氮肥工业、建材工业等，形成部门结构复杂、内部联系密切、高度集中的地区工业综合体。同时，为大量产业工人服务的轻工业，如服装工业、纺织工业、啤酒工业等也有了很大发展。20 世纪 50 年代以后，由于石油消费量逐渐增加，鲁尔区的炼油工业和石油化工工业也迅速发展起来。20 世纪 70 年代以后，电气工业、电子工业有了很大发展。今天，鲁尔区生产全国生产量80% 的硬煤和全国生产量 90% 的焦炭，并且还集中了全国钢铁生产能力的 2/3，电力工业、硫酸工业、合成橡胶工业、炼油工业、军事工业等均在全国居重要地位①。第二次世界大战后在世界一些以采煤工业起家的老工业区严重衰退的时候，鲁尔工业区仍具有较强的生命力。这与其随着科学技术的进步，不断调整区内的经济结构与部门结构分不开的。

20 世纪 60 年代，鲁尔区开始进行调整工业结构与布局，发展第三产业和优化生态环境等方面的综合整治。鲁尔区的变革经历了一个曲折而漫长的过程，其转型大致分为以下 3 个阶段。

第一阶段为 20 世纪 60 年代。采取的主要措施有：制订调整产业结构的指导方案，通过提供优惠政策和财政补贴对传统产业进行清理改造，并投入大量资金来改善当地的交通基础设施、兴建和扩建高校和科研机构、集中整治土地，为下一步的发展奠定基础。

第二阶段为 20 世纪 70 年代。在继续加大第一阶段改善基础设施和矿冶工业现代化的同时，重点通过提供经济和技术方面的援助，逐步在当地发展新兴产业，以掌握结构调整的主动权。

第三阶段为 20 世纪 80 年代至今。德国联邦和各级地方政府充分发挥鲁尔区内不同地区的区域优势，形成各具特色的优势行业，实现产业

---

① 胡琨. 德国鲁尔区结构转型及启示［J］. 国际展望，2014（5）.

结构的多样化。

经过综合整治，鲁尔区经济结构趋于协调，工业布局趋于合理，经济由衰落转向繁荣，改变了重工业区环境污染严重的局面，成为环境优美的地区。鲁尔工业区的振兴计划为全世界的旧工业区改造提供了范本。它的策略不是废旧立新，而是旧物再利用。通过改变原有建筑、设施及场地的功能，既再现了工业区的历史，又为人们提供了文化、娱乐生活的园地。整个鲁尔工区已变成了一个集博物馆和休闲区为一体的第三产业区。经过多年不断地调整与改造，鲁尔区早已不是一个衰落的工业区，而恰恰相反，它正保持继续发展的势头，取得了举世瞩目的成绩，也是资源型城市成功改造转型的经典案例[①]。

鲁尔工业区的保护观念强调产业景观的整体性，无论是已经沉寂的车间，还是斑驳的建筑，即使是炼焦厂中曾被公认为"景观杀手"的巨大圆桶瓦斯槽，或者是当年的锅炉机房以及其他众多生产流程中的机械设备和构筑，都被保存了下来。德国煤炭业联盟厂包含了采煤场和炼焦厂，是整个鲁尔区价值最凸显的遗产地，这个在 1930 年已经设立的基地因其建筑的整体性设计和采矿技术的先进性在当时轰动了整个世界。现在，从传输带、厂房到生产设备，矿区内几乎所有呈现往日先进生产过程的建筑和构筑都经过精心梳理留存下来，并为这个矿区可能转换为一个活的产业博物馆作出了准备。正是由于其出色的整体保护，它在 2001 年 12 月被联合国教科文组织列入了世界文化遗产名录。

二、复合型产业发展模式——慕尼黑高科技工业园区经验

复合型产业发展模式介于优势企业主导的产业发展模式和中小企业集聚发展模式之间，规模可大可小，既有优势企业发展模式的优点，也有中小企业发展模式的优势。这一模式既有比较优势也有竞争优势，但

---

① 惠利，陈锐钒，黄斌. 新结构经济学视角下资源型城市高质量发展研究——以德国鲁尔区的产业转型与战略选择为例［J］. 宏观质量研究，2020（5）.

缺陷也比较明显，如产业集聚区发展过程中政府和市场作用不协调，产业集聚区竞争优势差距较大、层次性较强。

复合型产业发展模式——慕尼黑是德国第三大城市，巴伐利亚州的州府和最大城市。它不仅是德国的主要金融城市，同时也是德国乃至欧洲高科技中心城市。慕尼黑市高科技工业园区除了重视现代科技开发之外，还十分重视提升传统产业和扶持传统产业的发展。制定鼓励传统产业发展的政策与园区建立几乎是同一时期。其政策导向主要是针对市区规划建设而言。

慕尼黑高科技工业园区以高科技跨国公司为核心，主要发展领域为高端制造、激光技术、纳米技术和生物技术等产业领域。一般情况下，德国一个新企业的建立、新领域的开创，先是在这里进行试验，成功后才移植到其他地区，再创建一个新工业园区。如慕尼黑生态科技园、绿色食品科技园、信息产业科技园以及宝马汽车公司、西门子电器产业等，都与慕尼黑高科技工业园区有密切关系[1]。

为了促进科技园区的迅速发展，慕尼黑科技园一是高度重视高科技产业，特别是在机械、电子和家用电器，以及电子产业化等方面尤为重视。为使企业在较小的空间创建大的科技公司，并尽可能地帮助投资者降低科技孵化成本，当时创业大楼每个单元都安装了100兆的电信网络，微机、电视机、传真机、电话机等都集中在一个盒子里面。科技人员当时在这里完全可以了解整个慕尼黑市的产业领域和科技研究动态。二是加强机构建设，统一机构管理。慕尼黑市政府成立了工业园管理招商中心及监管会，代表政府对入园企业提供全程服务。慕尼黑科技园的股东是慕尼黑市政府和慕尼黑商会，并形成由企业、大学、研究机构、商协会以及融资和咨询机构组成的管理网络[2]。三是采取优惠政策吸引高科技公司进驻园区。如采取降低房屋租金和科技孵化中心的入驻条件

① 陈强，李佳弥. 统一后德国科技创新治理体系的演进历程及其启示 [J]. 德国研究，2023（3）.

② 张彦莉. 借鉴德国经验建设我国科技产业园 [J]. 高科技与产业化，2017（12）.

等办法，鼓励高科技企业入园进行产业化开发，规定凡交得起半年租金者均可入园注册成立公司。政府还规定，凡入驻孵化大楼进行孵化的种子期企业，在其科技成果得到有效转化之后，必须搬出孵化大楼，转移到专业科技园，进行产业化开发。以及完善的基础设施与配套建设，园区软、硬件设施好，交通便利。四是确保高科技产业与传统产业平衡发展。由于传统产业是很成熟的产业，它不仅对高科技企业的发展有较强的互补性，而且对保证地方经济的发展更具有较强的稳定性，所以，在后期慕尼黑市因为地价不断上涨，城市建设不断扩展，一些传统工业为保其生存不得不搬出市区时，政府意识到这个问题，在举办科技工业园区的同时，采取降低地价扶持传统产业发展。并由政府出资，对提升传统产业搬迁提供服务和人员技术培训，把传统产业在调整过程中的风险降到最低限度。

第十章

促进东北科技创新区域协同
发展的政策建议

　　东北科技创新区域协同发展要充分发挥东北各地区的产业优势和区位优势，促进与俄、蒙、日、朝、韩科技经贸合作，推进与京津冀、环渤海在科技交流、公共服务等方面的合作，使东北地区成为创新资源的聚集区域、互联互通的枢纽区域、开发开放的热点区域。鼓励示范区内有实力的装备制造企业在境外建立产业基地和工业园区，形成一批具有国际竞争力和市场开拓能力的骨干企业，构建大开放、大合作的协同创新格局。东北地区要以国家自主创新示范区为核心主动融入国家"一带一路"建设，大力推动面向东北亚的开放合作，加强中德、中以合作，不断深化环渤海地区合作，继续推进东北四省区交流，建设东北亚开放合作的先导区。大力推动"中国制造"走出去，鼓励示范区内有实力的装备制造企业在境外建立产业基地和工业园区，形成一批具有国际竞争力和市场开拓能力的骨干企业。在示范区内高起点、高水平、高质量地规划一批重点央地合作项目，大力发展军民两用技术和军民结合产业，推进军民良性互动。

第一节　从政府层面推动科技创新协同发展

一、统筹国家创新体系和区域创新体系建设

加快区域创新体系建设，通过编制区域协同发展规划，优化区域创新布局，以加快科技资源整合集聚和开放共享。准确把握创新驱动发展的总体方向，紧紧围绕"创新驱动发展引领区、深化科技体制改革试验区、区域创新一体化先行区"的战略定位，加强顶层设计和整体谋划，积极探索自主创新的有效路径。充分发挥国家高新区的核心载体作用，支持自创区引领发展、高新区突破发展和特色发展，使高新园区成为全省创新驱动发展的强大引擎，以点带面放大辐射示范效应，激发区域创新活力。深化体制机制改革创新，强化科技同经济对接、创新成果同产业对接、创新项目同现实生产力对接、研发人员创新劳动同其利益收入对接，形成有利于产出创新成果以及产业化的新机制。聚焦区域创新体系布局和产业特色发展，加强科技资源整合集聚和开放共享，优化创新布局，强化协同效应，提升区域创新体系整体效能，构建整体发展新优势。

以国家创新体系为引导，统筹东北地区国家创新平台与区域创新平台建设，发挥国家创新体系在财政和资金支持上的优势，推动东北地区科技协同创新网络与平台建设。应努力提升优化管理，确保东北地区与科技创新相关的人流、物流、资金流和信息流更恰当和更畅通地流动。政府应着力构建区域协同创新网络，完善区域科技创新平台和创新服务体系建设，延长区域创新链和促进区域创新要素的流动，辐射带动区域整体创新水平的提高。

推动区域协同创新平台建设，构建由知识产权平台、公共研发平台、技术交易大数据平台和技术转化平台形成的创新网络，延伸形成涵

219

盖创新全链条的科技服务网络和科技合作体系。在区域协同创新平台建设中，以创建国家级实验室为主要目标，实现省级实验室在区域空间内的优化布局。国家研究中心应实现与东北地区重点产业的深度融合，形成对产业创新中心的重点支持，形成高效的协同创新网络。在省级实验室的产业布局上，优先发展智能制造、新一代信息技术、新能源、绿色制造和新材料等战略性新兴领域。建设具有国际影响的高水平科技协同创新中心，实现高校、公共研究机构与企业的协同创新能力。

二、建立健全的专门管理机构

当前，东北地区还缺乏统一的专门机构来指导科技创新的区域协同发展，因此建议东北地区尽快建立专门的管理机构。一是做好顶层设计。研究出台科技创新协同发展的相关规划和政策，统筹东北地区科技创新的空间布局，综合指导区域科技创新的协同发展，重点开展资源整合、科技研发和成果转化等方面的促进服务工作。二是加强日常管理。建立健全的内部管理制度，切实履行监督管理职责。三是支持企业发展。为入驻企业提供管理服务，办理各项行政审批事项，减少中间环节，支持企业注册登记直通车服务，提高办事效率。

三、加大政策引导和扶持

东北地区自主创新示范区的建设应从国外园区的发展与建设中吸取经验教训，快速成长，提升专业化服务的能力。国际上高科技产业园区的建设主要由政府主导，初期建设资金由国家和当地政府共同出资，在园区的后期建设和运营中，以政府投资为引导，通过引进科研机构、企业、银行等机构多方投资，加快园区的建设与发展。经验表明，政策的引导和扶持有利于产业园区的建设与发展。为了推进东北地区科技创新的协同发展，需要中央政府和地方政府的大力支持和引导，通过提供各种优惠推动示范区的发展。鼓励企业入驻示范园区，建立园区内产业链，形成工业共生网络。

第二节 从企业层面推动科技创新协同发展

一、加快科技成果转化速度

加强企业、高校和投资机构的合作，推进创新服务平台建设。东北地区应充分利用科技创新的集聚优势和产业化优势，形成众创空间、孵化器到加速器的创新育成链条。借鉴国际创新平台建设经验，发挥国家级自创区的优势，完善协同创新和融合创新体系建设，为东北地区的产业链升级提供孵化器和加速器。创新服务平台的建设一是服务于企业、高校和研究机构的协同创新与合作。在区域内孵化更多的羚羊企业和独角兽企业等，促进区域创新体系的完善和区域的科技创新合作。

完善科技成果转化的市场化建设和科技成果转化平台的专业化建设，缩短科技成果转化周期。科研成果转化的市场化建设主要通过完善技术产权交易市场来实现。自创区内应大力推进高等院校和科研院所科技成果"三权"改革，确立了自创区科技成果转移转化可借鉴的基本模式。重视依靠一系列改革和体制机制创新吸引和激励创新创业者和投资人，激发他们创新创业的热情。例如，实施科技成果所有权、处置权和收益权"三权"改革——通过市场化方法进行科技成果确权、定价、交易，确立了"实惠归个人、荣誉归单位、利益归社会"的科技成果转化"三归"机制，明确将"三权"下放到科技人员和创新团队，将收益比例提高到70%以上，最高可达99%。通过深化"三权"改革，加速科技成果到高新区入园转化。随后，利用"黄金十条""光谷创业十条""互联网＋"、支持众创空间建设等系列引领性创新创业政策，围绕创新部署资本链，形成天使投资、创业投资、金融租赁等在内的全方位科技金融支撑体系。

二、产学研紧密结合

打破原有企业、高等院校和科研院所机构之间条块分割的格局，促进产学研三方联盟协同创新。企业充分利用学校研发资源，推动大学的科技成果转化为生产力并走向市场。与此同时，大学从企业了解市场的需求从而指导大学的研究方向，双向的技术转移有效推动科研成果的产业化，实现科研成果共享。有效缩短产、学、研距离，营造良好的研发与创新环境。发展实践表明，构建科研机构与企业协作模式，是提升区域科研成果有效转化和高新技术产品国际竞争力的战略选择。政府应注重培育良好的科研机构与企业之间的双向联合体或多向联合体的互动环境，以企业为主体、市场为导向、产学研相结合的技术创新体系建立为目标建立产学研合作创新和共同发展的运行机制，引导和支持创新要素向企业集聚。发挥科研机构的高技术人才优势，合理对接企业的市场需求，保证科技成果的有效转化，实现科研成果共享。产业门类丰富，发展重点突出，进而推动示范区的可持续发展。

三、持续集聚创新人才

科技协同创新能否顺利推进，人才的强有力支撑是关键，要突出企业创新主体地位。要多管齐下加快东北地区人才跨区自由流动，充分发挥人力资本主观能动性及创造性，不断培育壮大东北地区科技创新主力军。在创新人才集聚方面，区创中心是东北地区科教智力和人才资源最为密集的区域，拥有高等院校、科研院所和国家级重点实验室、国家工程研究中心、国家工程技术研究中心、大学科技园和留学人员创业园等。留学归国创业人才和创业企业相对集中，是东北地区留学归国人员创办企业数量最多的地区。国家自主创新示范区应加快建设人才特区，通过优化人才发展环境、实施人才集聚工程、搭建创新创业平台等措施实现高端人才的集聚。自主创新示范区围绕服务人才发展应建立高端人才引进的联合审批机制，开通领军人才专业技术资格评价绿色通道，为海外高层次人才提供专员制服务。打造以"聚焦产业、聚焦高端、聚焦团队、协同创新"为特色的人才品牌。

第三节　从产业层面推动科技创新协同发展

一、构建多层次和多渠道的产业科技投融资体制

在科技创新融资模式和机制上，鼓励金融机构探索科技金融产品创新，实现知识产权质押等形式，降低以科技研发和新产品为主的小微企业和创业者获得资金支持的门槛。支持重大科技项目和科技型企业做大做强。形成企业和科技金融推动科技创新，科技创新支撑产业高质量发展的良性循环。从区域层面加强金融机构对科技孵化器的支持，鼓励区域内创业投资和创新基金的发展，完善从研究、试验到投入生产过程中的科技创新投融资制度，实现科技、金融、产业的深度融合。

二、实现高科技与传统产业均衡发展

科技创新协同示范区不仅注重吸引高科技企业的入驻和发展，而且注重传统产业的转型，确保高科技产业与传统产业均衡发展。东北是老工业基地，在建设创新示范区时，要坚持高科技产业发展与传统产业转调并重，既要重视发展高科技产业，又要大力抓好传统产业的转调与提升。高科技产业与传统产业二者可以互为补充、相辅相成、并行发展。示范区的建设不仅要着眼于吸引高新技术企业或龙头企业入驻，还要制定系列政策倾斜保证传统产业的发展，确保其顺利转型升级。

三、促进产业链和创新链的深度融合

通过推动政府科技创新治理能力建设和不断优化科技创新制度环境促进产业链、资金链和创新链的深度融合。应从实现高水平开放的需要出发，完善知识产权保护体系和知识产权服务体系，强化知识产权的惩戒力度和执法效率，从制度上保护和激发区域科技创新的动力和活力。利用制度创新优势和自主创新示范区的科技创新体制机制优势形成优势互补。实现科技成果评估和定价的市场化改革、科技成果的股权激励改革、财政科技投入的竞争性分配、企业的研发准备金制度、财政补助和财政的重点扶持等。通过接轨国际先进的科技创新经验，建立国际化的科研管理制度和科技成果运营管理机制，促进不同区域间创新要素的汇集和流转，激发联动效应，助推区域间要素共享和互补，提升创新效率。

参 考 文 献

[1] 白俊红，蒋伏心．协同创新、空间关联与区域创新绩效［J］．经济研究，2015（7）．

[2] 鲍海峰，赵然．科技创新引领东北老工业基地供给侧结构性改革的路径研究［J］．科学管理研究，2017（8）．

[3] 曾燕南．东北老工业基地科技企业发展对策研究——以哈尔滨市为例［J］．上海经济研究，2013（12）．

[4] 陈广汉，谭颖．构建粤港澳大湾区产业科技协同创新体系研究［J］．亚太经济，2018（6）．

[5] 陈锡强，赵丹晓，练星硕．粤港澳大湾区科技协同创新发展研究：基于要素协同的视角［J］．科技管理研究，2020（20）．

[6] 董昕．科技创新驱动区域协同发展的国际经验与启示［J］．区域经济评论，2016（6）．

[7] 杜剑，李秀敏．东北地区政府科技资源共享模式研究［J］．东北师范大学学报（哲学社会科学版），2013（11）．

[8] 杜英，李晓玲．基于子系统协同度评价的区域科技创新能力测度——以甘肃省为例［J］．中国科技论坛，2021（2）．

[9] 樊杰，刘汉初．"十三五"时期科技创新驱动对我国区域发展格局变化的影响与适应［J］．经济地理，2016（1）．

[10] 顾伟男，申玉铭．我国中心城市科技创新能力的演变及提升路径［J］．经济地理，2018（2）．

[11] 顾新，等．中国区域创新体系发展的理论与实践［M］．北京：经济管理出版社，2014．

[12] 郭斌．京津冀都市圈科技协同创新的机制设计——基于日韩

经验的借鉴［J］. 科学学与科学技术管理，2016（9）.

［13］郭斌. 京津冀科技协同创新绩效体系重构——基于文献编码的复杂网络分析［J］. 中央财经大学学报，2016（6）.

［14］何卫平，葛扬. 甘肃区域科技创新与经济发展协同关系研究［J］. 开发研究，2019（3）.

［15］和军. 东北经济的结构、体制关键障碍与突破路径［J］. 当代经济研究，2019（8）.

［16］胡滨. 金融科技、监管沙盒与体制创新：不完全契约视角［J］. 经济研究，2020（6）.

［17］户艳领，等. 京津冀区域科技创新指数构建及协同度测度研究［M］. 北京：科学出版社，2020.

［18］黄萃，任弢，等. 责任与利益：基于政策文献量化分析的中国科技创新政策府际合作关系演进研究［J］. 管理世界，2015（12）.

［19］李佳雯，郭彬. 高校科技创新与区域经济发展耦合协同及时空分异研究［J］. 技术经济，2020（4）.

［20］李哲，申玉铭、曾春水. 中国省域科技创新模式及其时空演变［J］. 地理研究，2018（6）.

［21］李政，薛萱. 新常态下东北老工业基地创新与创业经济发展［J］. 经济学动态，2015（6）.

［22］林木西，和军，赵德起. 东北老工业基地新一轮体制机制创新［M］. 北京：经济科学出版社，2018.

［23］林木西，和军. 东北老工业基地全面振兴、全方位振兴［M］. 北京：经济科学出版社，2021.

［24］林木西. 区域协调发展的改革逻辑［J］. 经济理论与经济管理，2020（2）.

［25］刘丹，闫长乐. 协同创新网络结构与机理研究［J］. 管理世界，2013（12）.

［26］刘晓峰，刘祖云. 区域公共品供给中的地方政府合作：角色定位与制度安排［J］. 贵州社会科学，2011（1）.

［27］陆铭，陈钊．空间的力量：地理、政治与城市发展［M］．上海：上海人民出版社，2013．

［28］马永坤．协同创新理论模式及区域经济协同机制的构建［J］．华东经济管理，2013（2）．

［29］毛艳华．粤港澳大湾区协同发展的体制机制创新研究［J］．南方经济，2018（12）．

［30］彭溢，陈薇伊．力争2025年实现千亿级园区目标［N］．黑龙江日报，2022－08－23．

［31］齐齐哈尔高新区．集聚区域创新资源优势　向精密超精密制造业"进军"［J］．中国科技产业，2021（1）．

［32］乔砚．长春国家自主创新示范区建设正式启动［N］．长春日报，2022－08－25．

［33］乔砚．中国共产党长春市第十四届委员会第三次全体会议决议［N］．长春日报，2022－07－28．

［34］尚勇敏，曾刚．科技创新推动区域经济发展模式转型：作用和机制［J］．地理研究，2017（12）．

［35］孙涛．我国老工业基地科技成果转化效率评价研究——以东北地区为例［J］．中国软科学，2020（1）．

［36］唐晓华，李占芳．东北老工业基地新一轮产业结构优化：以制造业为例［M］．北京：经济科学出版社，2019．

［37］汪凡，白永平，等．中国高校科技创新能力时空格局及影响因素［J］．经济地理，2017（12）．

［38］王乐怡．勇担国家自主创新示范区建设使命［N］．吉林日报，2022－08－26．

［39］王秀玲．京津冀科技协同创新发展路径研究［J］．河北经贸大学学报，2015（6）．

［40］王燕，刘晗，等．乡村振兴战略下西部地区农业科技协同创新模式选择与实现路径［J］．管理世界，2018（6）．

［41］王业强，郭叶波，等．科技创新驱动区域协同发展：理论基

础与中国实践［J］. 中国软科学，2017（11）.

［42］肖咪咪，卢芳妹，贾良定. 中国科技体制改革中的组织身份变革［J］. 管理世界，2022（3）.

［43］解学梅. 协同创新效应运行机理研究：一个都市圈视角［J］. 科学学研究，2013（12）.

［44］徐顽强，周晓婷. 基于主成分分析法的省域科技创新体系评价模型构建［J］. 科技管理研究，2016（6）.

［45］徐向艺，徐英吉. 企业技术创新、制度创新及企业持续成长性的协同度研究［J］. 东岳论丛，2008（2）.

［46］许彩侠. 区域协同创新机制研究——基于创新驿站的再思考［J］. 科研管理，2012（5）.

［47］寻舸. 湖南区域科技创新与科技金融协同发展研究［J］. 科技管理研究，2015（2）.

［48］杨丽娟，于一帆. 从政策高地到法治平原：东北科技创新政策法律化研究［J］. 东北大学学报（社会科学版），2019（11）.

［49］杨英. 粤港澳大湾区区域创新体系之机制问题研究［A］. 粤港澳蓝皮书：中国粤港澳大湾区改革创新报告（2020）［M］. 北京：社科文献出版社，2019.

［50］叶祥松，刘敬. 异质性研发、政府支持与中国科技创新困境［J］. 经济研究，2018（9）.

［51］叶祥松，刘敬. 政府支持与市场化程度对制造业科技进步的影响［J］. 经济研究，2020（5）.

［52］张昊，吴自涛. 科技创新驱动区域协同发展的经验与启示［J］. 科学管理研究，2020（3）.

［53］张华新，刘海莺. 俱乐部收敛、产业升级与财政策略选择——对东北老工业基地振兴的新思考［J］. 经济问题探索，2017（8）.

［54］张华新. 东北老工业基地新一轮生态经济带建设［M］. 北京：经济科学出版社，2020.

［55］张华新. 日本多重治理结构下的区域创新政策研究［J］. 日

本学刊，2018（2）．

［56］张树剑，黄卫平．新区域主义理论下粤港澳大湾区公共品供给的协同治理路径［J］．深圳大学学报（人文社会学科版），2020（1）．

［57］赵滨元．京津冀协同创新绩效影响因素分析——基于空间杜宾模型［J］．商业经济研究，2021（1）．

［58］郑刚，朱凌．全面协同创新：一个五阶段全面协同过程模型——基于海尔集团的案例研究［J］．管理工程学报，2008（2）．

［59］郑文江，俞佳敏，等．区域科技协同创新体系分析框架研究——以珠江三角洲地区与香港的区域合作为例［J］．科技管理研究，2019（24）．

［60］朱桃杏，陆军．高铁对区域科技创新协同的作用机制与效率分析［J］．科技进步与对策，2015（6）．

［61］Agrawal A，Cockburn I，Galasso A，et al. Why are Some Regions More Innovative than Others? The Role of Small Firms in the Presence of Large Labs［J］．Journal of Urban Economics，2014（81）．

［62］Ann Markusen. Profit Cycles，Oligopoly，and Regional Development［M］．The MIT Press，Cambridge，Massachusetts，1984.

［63］Asheim B T，Smith H L，Oughton C. RegionalInnovation Systems：Theory，Empirics and Policy［J］．Regional Studies，2011（7）．

［64］Ashiem B T.，Isaksen A. Regional innovation systems：The intergration of local "sticky" and global "ubiqutious" knowledge［J］．Journal of Technology Transfer，2002，27（1）．

［65］Cooke P，Gomez Uranga M，Etxebarria G. Regional Innovation Systems：Institutional and Organisational Dimensions［J］．Research policy，1997，26（4）．

［66］Cooke，Philip. Regional Innovation Systems：Origin of the Species［J］．International Journal of Technological Learning，Innovation and Development，2008，1（3）．

［67］ David Doloreux. Regional Innovation Systems in the Periphery: The Case of the Beauce in Québec (Canada） ［J］. International Journal of Innovation Management, 2003, 7 (1).

［68］ Dosi G et al. Technical Change and economic theory ［M］. London: Printer, 1998.

［69］ Guan J, Yam R C M. Effects of Government Financial Incentives on Firms' Innovation Performance in China: Evidences from Beijing in the 1990s ［J］. Research Policy, 2015 (1).

［70］ Jaffe, A B. Real Effects of Academic Research ［J］. American Economic Review, 1989 (79).

［71］ Lundavall B. National Systems of Innovation: Towards a Theory of Innovation and Interctive Learning ［M］. London: Pinter, 1992.

［72］ Michael Fritsch, Viktor Slavtchev. Determinants of the Efficiency of Regional Innovation Systems ［J］. Regional Studies, 2011, 45 (7).

［73］ Pierre Barbaroux. Identifying Collaborative Innovation Capabilities Within Knowledge-intensive Environments: Insights from the ARPANET project ［J］. European Journal of Innovation Management, 2012, 15 (2).

［74］ Victor Gilsing, Bart Nooteboom. Density and Strength of Ties in Innovation Networks: An Analysis of Multimedia and Biotechnology ［J］. European management review, 2005 (2).